dtv

Um dem schnellen Tempo unserer Zeit standhalten zu können, benötigen wir hin und wieder eine Auszeit, um uns zu entspannen und Kraft zu schöpfen. Der Lehrer und Wellnesstrainer Rolf Herkert hat eine Fülle von Übungen entwickelt, mit deren Hilfe wir rasch Körper und Geist regenerieren und stärken können. Die Übungen nehmen meist nicht mehr als ein bis zwei Minuten in Anspruch und lassen sich individuellen Bedürfnissen anpassen: Ob allein geübt wird, zu zweit oder in der Gruppe, ob im Alltag, Beruf, Unterricht oder Urlaub – alle werden davon profitieren, seien es junge Menschen, Wellfit-Experten oder Turbosenioren.
Sind Sie lustlos und gereizt? Dann versuchen Sie es mit der Übung »Das lachende Gehirn«: Sie setzt Glückshormone frei, die uns mit Gefühlen des Wohlbefindens überfluten. Fühlt sich Ihr Körper steif und verspannt an? »Die erwachende Katze« gibt ihm seine Geschmeidigkeit zurück. Ausgepowert? »Butterfly« oder das »energetische Gummiband« reduzieren den Stress und schenken neue Energie. Dieses Buch holt Wellness dahin zurück, wo sie ihren Ursprung hat: in den eigenen Körper, in den eigenen Geist.

Rolf Herkert ist Lehrer an der Deutschen Schule der Allergie-Klinik Davos, Sachbuch- und Spiele-Autor sowie Berater für Wellness und Selbstkompetenz.

Rolf Herkert

Das kleine Wellness-Buch

Fit und entspannt
in 90 Sekunden

Deutscher Taschenbuch Verlag

Die in diesem Buch vorgestellten Übungen sind in Kursen und Seminaren unterrichtet und ausgeführt worden. Bei gesundheitlichen Problemen können sie Rat und Hilfe eines Arztes nicht ersetzen. Autor und Verlag übernehmen keine Haftung für Schäden, die sich aus dem Gebrauch oder eventuellen Missbrauch der in diesem Buch beschriebenen Übungen ergeben.

Überarbeitete Neuausgabe
Januar 2005

www.dtv.de
Dieser Band erschien bereits unter dem Titel ›Die 90-Sekunden-Pause‹ 1993 beim Integral Verlag und 1998 beim Scherz Verlag für den Integral Verlag.

Umschlagkonzept: Balk & Brumshagen
Umschlagfoto: © gettyimages/Andy Whale
Illustrationen: Margarete Winter-Orthen, Heidelberg
Satz: Greiner & Reichel, Köln
Gesetzt aus der Stone Serif 8,5/12˙
Druck und Bindung: Druckerei C. H. Beck, Nördlingen
Gedruckt auf säurefreiem, chlorfrei gebleichtem Papier
Printed in Germany ISBN 3-423-34162-9

Inhalt

Die wahre Lebenskunst besteht darin,
im Alltäglichen das Wunder zu sehen.

Pearl S. Buck

Vorwort

Sagen Sie den folgenden Satz einmal still vor sich hin:

»Was sind schon 90 Sekunden?«

Klingt nicht besonders gut, oder? Das fühlt sich an wie die Beschreibung eines lächerlichen Zeitraums, wie vergeudete Zeit inmitten des Alltags.

Und jetzt probieren Sie es mit dem folgenden Satz:

»90 Sekunden NUR FÜR MICH!«

Klingt großartig, oder? Das fühlt sich an wie Luxus, wie die Chance, etwas für sich selbst zu tun, auch kurze Zeit genießen zu können.

Und das Beste ist: Sie ganz alleine haben es in der Hand, ob 90 Sekunden für Sie in Zukunft eine kurze, nutzlos verstreichende Zeit sind oder zu einer Oase von körperlicher und mentaler Entspannung in Ihrem Alltag werden.

Die von Rolf Herkert in diesem Buch vorgestellten Übungen haben weitreichende Konsequenzen: Jede 90-Sekunden-Pause ist ein kleines Ritual, das Sie für sich in Ihrem Alltag etablieren. Rituale werden als Erfolgsmodell von vielen Menschen und Gemeinschaften genutzt. Sie existieren als Rituale der Bestätigung, zum Beispiel an Geburtstagen (das Leben feiern), Jahrestagen (Beziehungen würdigen) oder Feiertagen (Traditionen würdigen). Oder aber als Rituale der Veränderung, beispielsweise bei Heirat, Konfirmation oder

Initiationen. Dabei braucht es gar keine großen Anlässe: Einige 90-Sekunden-Rituale mitten im Alltag erreichen den gleichen Effekt, das Leben sinnvoll zu strukturieren.

Die Wirkung von Ritualen ist dabei eine zweifache:

Erstens geben uns Rituale emotionale Sicherheit und damit Ruhe und Halt. Jede Form von Regelmäßigkeit strukturiert unser neuronales System hin zu mehr Ruhe und Sicherheit. Das macht sich dann in Form von Ausgeglichenheit und Souveränität bemerkbar, die Alltagsprobleme kommen nicht mehr so stark an uns heran.

Zweitens stärken Rituale unser Selbstwertgefühl. Diese Zeit des Tages, IHRE 90-Sekunden-Wellnesspause gehört nur Ihnen. Sie senden an Ihren Körper und Geist das Signal: Ich bin so wichtig, dass ich mir immer wieder Zeit für mich nehme, egal wie hektisch mein Tag ist. Sich dieses Signal immer wieder zu gönnen geht noch über das klassische Maß an Wellness hinaus, Sie entwickeln *Selfness*, also eine Verbesserung der eigenen Selbstkompetenz.

Eine weitere Wirkung erzielen die Methoden von Rolf Herkert: Stellen Sie sich einmal vor, in Ihrem Gehirn gibt es viele verschiedene Wege. Es gibt vierspurige Autobahnen, große Bundesstraßen, kleine Landstraßen, hügelige Dorfwege, Feldwege, Trampelpfade und Bereiche ganz ohne Wege. Je häufiger Sie ein bestimmtes Wissen nutzen oder eine bestimmte Tätigkeit ausführen, desto breiter werden die Wege und Straßen hierzu in Ihrem Gehirn. Erinnern Sie sich an Ihre Fahrschulzeit? Bevor Sie das erste Mal Auto gefahren sind, hatten Sie keine Erfahrungen, es existierten also auch keine Wege in Ihrem Kopf. Dann sind Sie das erste Mal gefahren und haben sich einen Trampelpfad gebahnt. Je häufiger Sie geübt haben, desto größer wurde der Weg in Ihrem

Gehirn. Sie wurden immer sicherer. Heute funktionieren Schalten, das Betätigen der Kupplung, Bremsen und vieles mehr automatisch, weil Sie hierzu eine vierspurige Autobahn in Ihrem Kopf haben.

Die »Straßen« in Ihrem Gehirn sind Ihre Nervenbahnen. Je häufiger Sie etwas praktizieren, desto stärker werden Ihre Nervenbahnen, weil Ihr Gehirn sie mit einem speziellen Stoff, dem so genannten Myelin, umhüllt. Dadurch werden Impulse ca. 30-mal schneller weitergegeben, die Handlung ist fast automatisch abrufbar.

Ähnlich funktionieren die Übungen, die in diesem Band vorgestellt werden. Je häufiger Sie diese anwenden, desto schneller werden Sie sich jeweils entspannen und die gewünschten Effekte erzielen. Ihr Gehirn baut Ihnen eine schnelle Straße für Ihre Entspannung. Dann lassen sich die Übungen auch »zwischendurch« anwenden. Sie verlieren also keine Zeit, gewinnen aber enorm viel Ausgeglichenheit und Souveränität für Ihren Alltag.

Die Anwendung der 90-Sekunden-Methoden ist dabei vielseitig. Sie können sie für sich privat nutzen oder aber zur Gestaltung von Pausen in Ihrem Beruf. Dabei gilt: Viele kurze Pausen sind viel effektiver als eine lange. Spannend ist auch die Anwendung der Übungen zu zweit oder in einer kleinen Gruppe, weil dann neben die Selbstkompetenz ein geselliger, sozialer Aspekt tritt, der schon manche Pause zum »sozialen Event« gemacht hat.

Besonders gut eignen sich die Gruppenübungen zum Einsatz in Schule und Studium. Lernen erfordert hohe Konzentration und Aufmerksamkeit, die erfahrungsgemäß nach einiger Zeit nachlassen. Gerade bei Kindern und Jugendlichen liegt die Aufmerksamkeitsspanne enorm niedrig. Dies wissen auch Fernsehproduzenten: Gab es vor 15 Jahren noch Fernsehsendungen, bei denen in einer Stunde kein Kameraschnitt vorgenommen wurde (Gesprächsrunden etc.), gilt heute als Grundregel ein Schnittwechsel mindestens alle 8–10 Sekunden. Nach Ansicht der Wissenschaftler John J. Burns und Daniel R. Anderson liegt auch hier die Ursache für das häufige »Zappen« von Fernsehzuschauern. Doch in der Schule und beim Studium sind die Lernenden gezwungen, ihre Aufmerksamkeit permanent fokussiert zu halten. Das strengt an und führt bereits nach kurzer Zeit zu Leistungsabfällen. Eine kurze 90sekündige Pause kann dazu bei tragen, die volle Aufmerksamkeit wiederherzustellen und damit das Lernen deutlich zu verbessern.

Das sind einige der positiven Effekte, die durch die Übungen des ›Kleinen Wellness-Buches‹ erzielt werden können. Integrieren Sie die Methoden in Ihren beruflichen und privaten Alltag, und Sie werden sich jeden Tag über die Erweiterung Ihrer »Entspannungsstraße« freuen.

In diesem Sinne wünsche ich Ihnen, dass auch Sie bald sagen werden:

»90 Sekunden NUR FÜR MICH!«

Giso Weyand
Berater Emotionales Leistungsmanagement

Einleitung

Wie vertraut kommen Ihnen die folgenden drei Dialoge vor?

»Wollen wir ein Eis essen gehen?«
»Bist du wahnsinnig? Hast du eine Ahnung, was ich alles noch erledigen muss?«

oder:

»Warum fahren wir nicht wenigstens einmal am Wochenende weg, nur wir zwei?«
»Geht leider nicht. Solange die Beförderungsfrage ungeklärt ist, kann ich es mir einfach nicht leisten, am Wochenende nicht zu arbeiten.«

oder:

»Wie wär's, wenn wir am Sonntag ganz früh aufstehen und in die Berge fahren? Oder wir könnten mal wieder ins Museum gehen. Es soll da eine tolle neue Ausstellung geben.«
»Kommt überhaupt nicht in Frage. Ich will doch nicht auch noch am Wochenende Stress. Nein danke, ich muss ausschlafen und gehe keinen Schritt vor die Tür.«

Erleben Sie einen Aha-Effekt, weil zumindest eine der Situationen sich in Ihrem Leben schon einmal so oder ähnlich abgespielt hat? Oder schütteln Sie den Kopf und halten diese Szenen für völlig aus der Luft gegriffen?

Falls Letzteres zutrifft: Herzlichen Glückwunsch! Sie scheinen ein friedvolles Leben zu führen und Ihre persönlichen Interessen mit den Erfordernissen des Alltagslebens in Übereinstimmung zu bringen. Vermutlich aber kommen Ihnen die Dialoge irgendwie bekannt vor, jedenfalls wenn man Umfragen über Stress im Alltag glauben darf. Berufstätige Frauen, die gleichzeitig Haushalt und Familie zu versorgen haben, arbeiten meist am Rande ihrer Kräfte. Im Zuge der Globalisierung erfordern viele Berufe mittlerweile ständiges Jetten zwischen New York, London oder Singapur, was für Körper und Seele enorm stressig ist. Sogar unsere Kinder sind früh schon eingebunden in schulische Stundenpläne und eine Vielfalt an nachmittäglichen Freizeitterminen, und nicht selten schlägt sich ihr Druck in Konzentrationsstörungen oder Hyperaktivität nieder.

Kein Wunder also, dass eine deutlich bemerkbare Reaktion auf das schnelle Tempo unserer Zeit die Hinwendung zu Wellness, Meditation und Entspannung ist. Man besucht Kurse, in denen man ihre Techniken erlernt; Kinder werden in Spiel- oder andere Therapien gesteckt.

Aber so aufwändig muss es gar nicht sein. Wir können lernen, mehrmals am Tag nur ein oder zwei Minuten abzuschalten, eine der vielen »90-Sekunden-Übungen« einzulegen, die ich Ihnen in diesem Buch vorstelle, und so inmitten eines hektischen Alltagsstrudels einen Moment lang zu uns finden und Ruhe und neue Energie tanken.

Natürlich ist eine Wellness-Kur oder kann ein dreiwöchiger fauler Urlaub Balsam für die gestresste Seele sein. Aber für zwischendurch, z. B. als lockere und heitere Zwischenmahlzeit, sind die 90-Sekunden-Übungen die ideale Möglichkeit, sich entsprechend unserem modernen Rhythmus zu regenerieren.

Kleine Inseln der Entspannung

Falls Sie zu der wachsenden Menge derjenigen gehören, die oft nicht mehr wissen, wo ihnen der Kopf steht, die ständig unter Termin- und Zeitdruck leiden und sich den täglichen Anforderungen kaum noch gewachsen fühlen, kann Ihnen das vorliegende Buch sicher eine Menge wertvoller, leicht umsetzbarer Hilfestellungen geben. Das gilt übrigens auch für alle diejenigen, die mit gestressten Menschen zu tun haben. Die hier vorgestellten Übungen haben sich in den unterschiedlichsten Situationen bewährt, in der Lehrer- und Studentenfortbildung, im Mentaltraining für Führungskräfte wie auch bei Kindern und Jugendlichen zum Abbau von Aggressionen und Hyperaktivität.

Kleine Inseln der Entspannung sind für jeden Menschen wertvoll, ob Hausfrau, Manager oder Schüler: Bereits 90 Sekunden »Ausklinken« können erstaunliche Kraftreserven mobilisieren, unser Energiepotenzial vervielfachen und Körper, Geist und Seele harmonisieren.

Spielerisch Körper und Seele regenerieren

Dabei spielen körperliche Wellness-Übungen ebenso eine Rolle wie mentales Training. Körper und Geist können sich optimal entfalten und gegenseitig unterstützen, wenn beide Aspekte gefördert werden. Ein gesunder Körper ist die Grundlage für Entspannung, Zufriedenheit, Glück. Halten wir ihn also fit. Unsere innere Einstellung ist allerdings mindestens ebenso wichtig, denn sie hat umgekehrt einen bedeutenden Einfluss auf die körperliche Gesundheit.

Mit den Übungen in diesem Buch können Sie auf spielerische Weise Körper und Geist stärken. Schalten Sie, wenn es Ihnen zu viel wird, zwei Minuten ab und führen Sie eine oder mehrere Übungen durch, egal wo Sie sich gerade befinden. So finden Sie innere Ruhe und Gelassenheit, neue Energie und so manchen Ausweg aus einer vermeintlichen Sackgasse.

Bei allen hier vorgestellten Übungen handelt es sich um leichte Wellness- und Entspannungsübungen, die ich seit ungefähr 25 Jahren in Seminaren, im Unterricht und auch bei Vorträgen einsetze. Sie lassen sich individuellen Bedürfnissen anpassen und sind vom Alter unabhängig, sie eignen sich für Schüler ebenso wie für Erwachsene oder die »Generation Vital«, die Turbosenioren. Man kann sie allein oder mit anderen durchführen.

Wer sportlichen Ehrgeiz hat, kann durchaus auf seine Kosten kommen und sich in körperliche Bestform bringen. Hierfür eignen sich besonders die Wellness-Übungen. Sie sind in fünf Kapiteln aufgeführt, wo jeweils unterschiedliche Körperbereiche schwerpunktmäßig fit gemacht werden: So können Sie gezielt Bauch, Po oder Beine trainieren oder etwas für Ihre allgemeine Kondition tun.

Tipps zur Entspannung durch mentale Techniken finden Sie unter »Inner Wellness« dargestellt. Vor allem Kapitel 2 enthält viele solcher entspannenden, vitalisierenden Übungen zur Steigerung von Lebenslust und Wohlbefinden. Sie erfordern weniger körperliche Anstrengung als vielmehr meditative Fähigkeiten und die Bereitschaft zu Fantasie und Kreativität.

Nach Lektüre des Buches werden Sie über unterschiedliche Kombinationsmöglichkeiten von Übungen verfügen, die Sie an einem stillen Ort oder an Ihrem Büroschreibtisch, bei Schulungen, im Unterricht, in der Freizeit, im Urlaub oder gemeinsam mit der Familie machen können. Es gibt Übungen im Sitzen, Liegen, Stehen oder Gehen, Übungen, die Sie mit neuer Energie erfüllen und gleichzeitig entspannt und gelassen machen. Am Ende sind Sie in der Lage, sich für jede Situation Ihr ganz individuelles Kraft- bzw. Entspannungsprogramm zusammenzustellen – ohne großen Aufwand, aber mit nachhaltiger Wirkung.

Bitte gehen Sie bei allen Übungen spielerisch und achtsam vor, und fragen Sie im Zweifelsfall Ihren Arzt oder Physiotherapeuten, ob die jeweilige Übung sich für Sie eignet.

Ich wünsche Ihnen beim Fitwerden mit den Übungen des kleinen Wellness-Buches mindestens so viel Erfolg wie Vergnügen!

Und jetzt:
90 Sekunden innehalten.
Atmen.

Power Wellness I: Rücken frei und locker

Wie wär's, wenn wir gleich anfangen, sozusagen zur Einstimmung. Schließlich wollen Sie keine stundenlangen Erklärungen, sondern etwas für sich tun. Also machen wir zuerst den Rücken frei, pardon: »Rücken frei und locker«, und beginnen mit ein paar Übung, die jedem gut tun, ob Sie bereits Rückenschmerzen haben oder ihnen vorbeugen wollen. Mit den folgenden Übungen stretchen Sie Ihren armen, verspannten Rücken, machen ihn frei und beweglich – und zwar als Lockerungsübung vor dem Sport ebenso wie zwischendurch auf einem Stuhl.

Da die Übungen alle im Sitzen durchgeführt werden, empfehle ich Ihnen, gleich jetzt mitzumachen: Sicherlich sitzen Sie ja irgendwo, während Sie dies lesen. Richten Sie den Rücken auf, und finden Sie eine lockere Haltung, bei der Sie weder einen Rundrücken noch ein Hohlkreuz machen (nicht anlehnen). Die Füße stehen parallel auf dem Boden. Während Sie die Übungen ausführen, atmen Sie gleichmäßig und ruhig weiter. Sämtliche Übungen sind Balsam für Ihre Hals- und Brustwirbelsäule.

Die Reihenfolge können Sie übrigens – wie bei allen weiteren Übungsfolgen in diesem Buch – beliebig wechseln. Innerhalb von 90 Sekunden werden Sie zwei oder drei Übungen schaffen, die, lustvoll durchgeführt, bereits eine wirkungsvolle Entspannungspause für zwischendurch darstellen.

Drücken und ziehen

Zur Kräftigung von Schultern und Nacken

Sie sitzen aufrecht auf einem Stuhl, haben die Füße schulterbreit aufgesetzt und die Hände locker auf die Oberschenkel gelegt. Ihr Kopf ist leicht nach hinten gebeugt, der Blick nach oben gerichtet.

Stemmen Sie jetzt die Füße nach unten und spannen dabei Bauch- und Gesäßmuskeln an. Halten Sie diese Anspannung fünf bis zehn Sekunden lang, dann lockern Sie sie wieder.

Nun drücken Sie die Schultern nach unten, während gleichzeitig der Kopf nach oben zieht. Halten Sie wiederum möglichst fünf bis zehn Sekunden die Wirbelsäule in dieser Streckung, dann lassen Sie locker.

Anschließend ziehen Sie die Schultern hoch, halten die Spannung und drücken sie wieder hinunter.

Zum Schluss kreisen Sie die Schultern vorwärts und rückwärts.

Schulterkreisen

Zur Mobilisierung von Schultern und Nacken

Sie sitzen aufrecht auf einem Stuhl und haben die Füße schulterbreit aufgesetzt.

Nun legen Sie die Daumen in die Achseln (rechter Daumen in die rechte Achsel, linker Daumen in die linke) und kreisen mit den angewinkelten Armen dreimal vorwärts, dann dreimal rückwärts. Führen Sie dabei möglichst große Kreisbewegungen durch.

Wenn Ihnen die Übung Spaß macht, wiederholen Sie sie ruhig ein- bis zweimal.

Beckenbalance

Zur Aufrichtung der Wirbelsäule und Schulung der Körperwahrnehmung

Sie sitzen aufrecht auf einem Stuhl und haben die Füße schulterbreit aufgesetzt. Bewegen Sie Ihr Becken leicht vor und zurück, und suchen Sie eine Stellung, bei der Sie nicht im Hohlkreuz sitzen.

Spannen Sie nun die Gesäß- und Bauchmuskeln an, und drücken Sie gleichzeitig die Schulterblätter nach hinten. Dabei atmen Sie ruhig weiter.

Nach fünf bis zehn Sekunden lassen Sie die Spannung los und wiederholen die Übung noch ein- bis zweimal.

Spannung in Brust und Bauch

Zur Dehnung von Brust- und Schultermuskulatur

Sie sitzen aufrecht auf einem Stuhl, haben die Füße schulterbreit aufgesetzt und lassen die Arme seitlich herunterhängen. Ihr Kopf ist leicht nach hinten gebeugt, der Blick nach oben gerichtet.

Drücken Sie nun die Schulterblätter nach hinten, halten Sie die Spannung fünf Sekunden, und schieben Sie die Schultern nach vorn, in Richtung Nase.

Gleichzeitig spannen Sie Bauch- und Gesäßmuskulatur an, so dass während dieser Übung viele Muskeln beansprucht werden.

Kleiner Propeller

Zur Stärkung von Nacken- und Schultermuskeln

Sie sitzen aufrecht auf einem Stuhl und haben die Füße schulterbreit aufgesetzt. Den Kopf ziehen Sie nach oben, und die Arme strecken Sie seitlich aus.

Halten Sie die Arme fünf Sekunden so, dann beschreiben Sie jeweils fünf Sekunden lang kleine Vorwärts- und Rückwärtskreise.

Lockern Sie die Arme durch leichtes Ausschütteln, und wiederholen Sie die Übung.

Hoch den Balken

Zur Stärkung von Nacken-, Schulter- und Rückenmuskeln

Sie sitzen aufrecht auf einem Stuhl und haben die Füße schulterbreit aufgesetzt.

Nun winkeln Sie die Arme an, Handflächen nach oben, und ziehen die Ellbogen nach hinten, so dass die Schulterblätter zusammengeführt werden. In dieser Haltung drücken Sie mit den Händen gegen einen gedachten schweren Deckenbalken. Halten Sie die Spannung fünf Sekunden.

Schütteln Sie anschließend Arme und Schultern zur Lockerung. Wenn Sie möchten, wiederholen Sie diese Übung.

Kopfdruck

Zur Kräftigung von Halswirbelsäule und Nackenmuskeln

Sie sitzen aufrecht auf einem Stuhl, die Füße stehen schulterbreit auseinander auf dem Boden.

Verschränken Sie die Hände hinter dem Kopf, und bauen Sie durch den Druck zwischen Kopf und Händen eine Spannung im Schulter- und Nackenbereich auf. Nach fünf bis zehn Sekunden bauen Sie diesen Druck wieder ab. (Lassen Sie nur so viel Druck entstehen, wie Ihnen angenehm ist.)

Sind Sie auf den Geschmack gekommen? Haben Ihnen die kurzen Übungen Erleichterung im Schulter- und Rückenbereich verschafft, und fühlen Sie sich frisch für neue Taten?

Gut so! Dann möchte ich Ihnen im folgenden Kapitel noch einige grundsätzliche Erklärungen zum Sinn solcher Übungen geben, bevor es weitergeht.

1
90-Sekunden-Wellness

In dir ist eine Ruhe und ein Refugium,
in das du dich jederzeit zurückziehen
und wo du ganz du selbst sein
kannst.

Hermann Hesse

Alltagsstress in einer Zeit rasender Beschleunigung

»Wir werden in der Zukunft an einem Tag mit mehr Informationen konfrontiert als Großvater in einem Jahr«, sagte mir auf einem Seminar über visionäres Management der Souling-Marketing-Konzeptionist Karl Gamper.

Wir leben in einer Zeit unglaublicher Veränderungen und tief greifender Umbrüche. Sie ist geprägt von hoher Mobilität, Schnelllebigkeit, Informationsflüssen und Datenautobahnen – »immer mehr, immer schneller« ist die Devise. Stress, Hektik, psychosomatische Erkrankungen, Alkohol- und Nikotinsucht, Drogen- und Tablettenmissbrauch sind Reaktionen darauf. Unsere vielfach belastete Umwelt tut ein Weiteres, um unser Immunsystem anzugreifen und uns zu schwächen.

Unsere Zeit ist zudem durch vielfältige Unsicherheiten charakterisiert: Wie werden sich die Arbeitsmarktlage, wie die Renten entwickeln? Werden wir im Alter versorgt sein, und was erwartet die Generation unserer Kinder und Enkel? Die Spaltung der Länder in arme und reiche ist keineswegs überwunden, und auch innerhalb unserer Gesellschaft scheint sich die Kluft zwischen Wohlstand einerseits und Bedürftigkeit und Elend andererseits zu vergrößern. Politisch haben sich die großen Machtblöcke des 20. Jahrhunderts verschoben und organisieren sich zu Beginn des dritten Jahrtausends ebenso dramatisch wie chaotisch ins Ungewisse!

Ohne hier ein Horrorszenario entwerfen zu wollen, möchte ich Ihnen nur einige der Stressfaktoren aufzeigen, denen wir ausgesetzt sind. Eigentlich müssten wir angesichts ihres Ausmaßes ein enormes, ja geradezu überwältigendes und äußerst zeitintensives Gegenprogramm aufstellen, um uns entspannen und wohl fühlen zu können.

Aber das würde nicht in unsere Zeit passen, und außerdem ist es auch nicht erforderlich. Im Gegenteil. Auch wenn das jetzt erstaunlich klingt, sind kurze Erholungspausen von jeweils ein oder zwei Minuten, die wir, über den Tag verteilt, in unseren normalen Tagesablauf einbauen, völlig ausreichend, um uns fit und gesund zu erhalten.

Warum 90-Sekunden-Pausen in der Lage sind, effektiv Nervenkostüm und Immunsystem zu stärken, will ich Ihnen in diesem Kapitel kurz verdeutlichen und gleich die erste 90-Sekunden-Pause anbieten:

Halten Sie inne.
Atmen Sie ruhig ein und aus.
Lassen Sie den Atem kommen und gehen.
Lenken Sie Ihre Aufmerksamkeit nach innen oder außen.
Lassen Sie Seele und Geist in der Sonne baumeln.

Wodurch entfalten diese kurzen Übungen eine so starke Wirkung, zumal solche, die teilweise eher banal wirken oder die äußerlich nicht einmal bemerkt werden?

Stressfaktoren erzeugen Stresswellen. Entspannungsminuten programmieren unser Gehirn, den höchstentwickelten Bio-Computer der Natur, auf Entspannung. Deshalb sollten wir ihm möglichst viele Entspannungsreize anbieten.

»Ein Bild sagt mehr als tausend Worte«, heißt es in Asien. Eine kleine Imaginationsübung soll Ihnen das deutlich machen.

Stellen Sie sich vor, Ihr Gehirn sei ein Radio mit vier Wellenbereichen, auf denen Sie verschiedene Sender empfangen können.

Auf Station I, dem Beta-Sender, können Sie aggressive Musik, Nebengeräusche und Störungen hören. Dieser Beta-Wellenbereich (13 bis 30 Hz) steht für normales Wachsein und aktives Denken – aber auch für Hektik, Stress und Ungeduld (Stresshormonausstoß). Manchmal brauchen wir ihn, um Höchstleistungen zu vollbringen, und er stimuliert die Angriffs- oder Fluchtreaktion.

Auf Station 2, dem Alpha-Sender, hören Sie klassische Barockmusik oder beruhigende Melodien. Der Alpha-Wellenbereich (8 bis 13 Hz) entspricht Entspannung, leichtem Lernen (Superlearning), autogenem Training, Meditation – all dem, was der Integration von Körper und Seele dient.

Auf Station 3, dem Theta-Sender, werden ruhige, meditative Töne und Klänge empfangen. Der Theta-Wellenbereich (4 bis 8 Hz) steht für völlig entspannte Wachheit und kreative Denkprozesse, tiefe Meditation, Intuition, Inspiration,

Entstressung sowie erhöhte Lern- und Erinnerungsfähigkeit. Auch der Übergang von Wachbewusstsein in Schlaf fällt in diese Kategorie.

Auf Station 4, dem Delta-Sender, vernehmen Sie das tiefe, gleichmäßige Atmen einer schlafenden Person und ihren Herzschlag. Der Delta-Wellenbereich (0,5 bis 4 Hz) entspricht tiefer Hypnose, Trance oder tiefem, traumlosem Schlaf (Non-Rem-Schlaf). Hier finden Heilung, Immunisierungsvorgänge und Selbstregeneration statt.

Wenn Sie viel Stress haben, sozusagen im Beta-Bereich feststecken, schalten Sie auf den Alpha- oder Theta-Sender um. Dies tun Sie mit Hilfe einer kleinen meditativen Übung, die in Ihrem Gehirn unmittelbare Entspannungsimpulse freisetzt. Je öfter Sie Ihrem »Bio-Computer« Entspannungsanreize anbieten – und zwar völlig unangestrengt, lustbetont, locker, lässig und einfach –, desto bewusster können Sie Ihr Leben gestalten. Stress und Hektik verlieren mehr und mehr ihre Dominanz.

Allerdings bedarf es der regelmäßigen Übung, damit Ihr Gehirn und somit Ihr Körper die Entspannungsimpulse erkennt und sofort darauf reagiert, nämlich eine 90-Sekunden-Übung als Signal zum Umschalten auf den Alpha-Frequenz-Bereich akzeptiert.

Die folgenden drei Beispiele verdeutlichen, wie dieses Umschalten funktioniert. Führen Sie die beschriebenen Übungen gleich durch, und erleben Sie selbst, was in Ihnen abläuft.

Beispiel I

Schwer wie ein Stein – leicht wie eine Feder

Abbildung oben

Sie sitzen und atmen ruhig ein und aus. Nun spannen Sie alle Muskeln im Körper an und stellen sich vor, Sie seien schwer wie ein Stein oder, je nach Wunsch, dynamisch kraftvoll wie beim Start zu einem Hundertmeterlauf. Halten Sie diese energetische Anspannung etwa sieben Sekunden lang. Lassen Sie sich dann mit der Vorstellung »leicht wie eine Feder« und einer ruhigen (manchmal auch kräftigen) Ausatmung in die Entspannung hineinfallen. Spüren Sie einige Augenblicke in sich hinein.

Die körperliche An- und Entspannung, die Vorstellung von Leicht und Schwer sowie ruhiges oder kraftvolles Atmen lassen Sie leicht einen Alpha-Zustand erreichen.

Ich lade Sie ein, diese kleine Übung einige Male zu machen. Je häufiger Sie eine 90-Sekunden-Pause einlegen, desto stärker wirkt sie.

Beispiel 2
Eine liegende Acht malen
Abbildung rechts
Das Nachvollziehen einer liegenden Acht ist eine wunderbar spielerische Übung, mit der Sie Ihre beiden Gehirnhälften synchronisieren.

Sie sitzen wieder entspannt und aufrecht, nicht zu lässig, und atmen ruhig ein und aus. Lenken Sie Ihre Aufmerksamkeit auf das Kommen und Gehen des Atems. Lassen Sie den Atemrhythmus fließen wie einen großen ruhigen Strom. Ganz allmählich wächst nun kraft Ihrer Vorstellungsgabe ein federleichter Pinsel aus Ihrer Nase. Mit ihm malen Sie auf eine imaginäre Leinwand eine liegende Acht, das Unendlichkeitssymbol, indem Sie kleine sanfte Kopfbewegungen durchführen.

Hierzu ein kleiner Tipp: Gelingt Ihnen diese Imaginationsübung nicht sofort, dann sehen Sie sich selbst von außen zu. Beobachten Sie, wie Sie dasitzen und mit dem Nasenpinsel eine liegende Acht malen.

Mit kleinen leichten Schwüngen malen Sie die liegende Acht erst in die eine, dann in die andere Richtung. Ihre (vor-

Das Nachvollziehen einer liegenden Acht synchronisiert die Gehirnhälften

gestellte) Bewegung kann dabei langsam oder etwas schneller sein; die Atmung aber ist gleichbleibend ruhig und fließend. Mit einem Lächeln lösen Sie schließlich den Pinsel auf und atmen etwas kräftiger ein und aus. Strecken und dehnen Sie sich wie eine Katze nach einem langen Mittagsschlaf.

Diese Übung dauert nicht länger als 90 Sekunden und ist das reinste Ausgleichstraining für Ihr Gehirn. Sie wissen ja: Im wissenschaftlichen Modell steht die linke Gehirnhälfte für Denken, Wissen und Logik, die rechte für Intuition, Gefühl und Fantasie. Beide Gehirnhälften arbeiten unterschiedlich und oft nicht mit-, sondern gegeneinander. Sie werden durch gleichmäßige Bewegungen synchronisiert und durch ruhiges entspanntes Atmen in die Alpha-Phase geführt. Kinder und Jugendliche mit Lernschwierigkeiten, wie Lese- und Rechtschreibschwäche oder Koordinierungsproblemen, profitieren von der Magie der liegenden Acht als Ausgleichstraining ebenso wie Erwachsene.

Übrigens stärken sämtliche »Überkreuz«-Bewegungen die Verbindung zwischen den Gehirnhälften, also etwa linker Ellbogen am rechten Knie (siehe hierzu auch: Überkreuz-Spaziergang).

Die dritte 90-Sekunden-Pause, die ich Ihnen nun vorstelle, werden Sie vielleicht als Übung gar nicht ernst nehmen. Und doch ist sie ein eindrucksvolles Beispiel dafür, wie man sich ohne Anstrengung und einzig durch die Bewegung einiger Gesichtsmuskeln gesund und fit erhalten kann: durch Lächeln.

Beispiel 3
Das lachende Gehirn

Die Lächelmethode habe ich auf einem Seminar von Vera F. Birkenbihl kennen gelernt, einer der renommiertesten deutschen Kommunikationstrainerinnen. Ich halte die Strategie, täglich einige Male 90 Sekunden zu lächeln, für außergewöhnlich wirkungsvoll und daher empfehlenswert.

Während Sie die folgenden Zeilen lesen, können Sie gleich mittrainieren, auch wenn Ihnen im Augenblick vielleicht überhaupt nicht nach Lachen zumute ist.

Lächeln Sie jetzt 90 Sekunden lang, oder schneiden Sie wenigstens eine lächelnde Grimasse. Dem Gehirn ist es fast gleichgültig, ob Sie sich dabei gut oder schlecht fühlen, da es zwischen Realität und Simulation kaum eine Unterscheidung vornimmt; das tut unser Verstand, der eine bestimmte Situation interpretiert.

Lächeln Sie noch, oder haben Sie schon einen Krampf? Vielleicht sind Sie ja aus der Übung und sollten überhaupt mehr lachen ... Es ist die beste Medizin.

Jetzt dürften 30 Sekunden vorbei sein. Bitte weiterlächeln. Durch das Anheben der Wangen signalisiert der entsprechende Muskel einem Rezeptor im Gehirn: »Es wird gelächelt«, und dieser Rezeptor veranlasst das Gehirn, »Glückshormone« (Endorphine) freizusetzen, die uns allmählich mit Gefühlen des Wohlbefindens überfluten.

Lächeln Sie ruhig noch etwas. 90 Sekunden sind jetzt fast um, Sie können aber auch etwas länger trainieren. Vorsicht, sonst gibt's morgen Muskelkater.

»Wer lacht, lebt leichter.« – »Lachen ist die beste Medizin.« – »Wer lacht, gewinnt.« Der Volksmund kennt einige Weisheiten über den Gesundheitswert des Lachens. Im 17. Jahrhundert stellte der Arzt Dr. Thomas Sydenham fest: »Die Ankunft eines guten Clowns ist für die Gesundheit einer Stadt wertvoller als 30 mit Medikamenten beladene Esel.«

Die heilende Kraft des Lachens

Wie viel Wahrheit in dieser Feststellung steckt, belegen mittlerweile modernste wissenschaftliche Untersuchungen. Seit einigen Jahren sind Clowns und Quietschenten fester Bestandteil von Therapien krebskranker Kinder in englischen und amerikanischen Kliniken. So ist man im Kinderkrankenhaus von Edinburgh von der Heilwirkung des Zwerchfellsports so überzeugt, dass dort ein hauptamtlicher Spaßmacher eingestellt wurde. Und ein texanisches Krankenhaus berichtet, dass Patienten zwei Tage früher als üblich entlassen werden können, nachdem Ärzte und Krankenschwestern ihnen täglich 15 Minuten lang Witze erzählt haben. Aber auch hierzulande hat sich inzwischen die Erkenntnis durchgesetzt, dass regelmäßiges Lachen das Immunsystem enorm stärkt, und es wird ebenfalls in Krankenhäusern, insbesondere auf Krebsstationen, gezielt gefördert.

Der Direktor des Instituts für Immunbiologie der Universität Köln, Prof. Dr. Gerhard Uhlenbruck, betrachtet Lachen als »inneres Jogging«, da man beim Lachen ebenso gut abschalten könne wie beim Laufen. In beiden Fällen steige die Stressresistenz, und beide Disziplinen machen den Menschen happy. Beim Lachen werden Substanzen in unserem Gehirn mobilisiert, die für Nervenkostüm und Immunsystem wichtig sind. Tatsächlich stärkt Lachen die Abwehr so sehr, dass Infektionen und sogar Krebserkrankungen sich nachweislich weniger leicht durchsetzen können.

Lachen hat noch weitere positive Wirkungen: Es regt die Gehirntätigkeit an und stabilisiert die Psyche. Aus diesem Grund empfiehlt sich besonders auch älteren Menschen, sich keinen Grund zum Lachen entgehen zu lassen. In kalifornischen Altenheimen gehören Dichterlesungen und Clownbesuche zur erfolgreichen Standardbehandlung gegen zerebrale Durchblutungsstörungen und Depressionen.

Und noch eines: Wenn wir herzhaft lachen, bis es uns schüttelt, regen wir unseren gesamten Organismus an. Herz, Lunge, Zwerchfell und unser Kreislauf werden in Schwung gebracht und Verdauungsprozesse angeregt. Sogar verspannte Muskeln kann man durch Lachen lockern.

Sie werden möglicherweise einwenden, dass es Ihnen unnatürlich vorkommt, grundlos loszulachen, nur weil das gesund sei. Probieren Sie es einfach aus. Versuchen Sie, laut zu lachen. Anfangs hört sich Ihr Lachen sicherlich gekünstelt an, aber mit der Zeit kann es sich zu einem echten Lachen wandeln. Lachen Sie anfangs ein paar Sekunden, und dehnen Sie die Lachdauer allmählich aus.

Wenn Sie an dieser Lachübung vor allem stört, dass Ihnen der Grund zum Lachen fehlt, dann besorgen Sie sich einen: Legen Sie sich ein gutes Witzebuch zu oder die Aufnahme einer komischen Radio- oder Fernsehsendung. Denken Sie an die letzte Situation, bei der Sie Tränen gelacht haben. Vergegenwärtigen Sie sich Ihren Humor. Welche Art von Komik spricht Sie besonders an?

Wenn Sie sich auf diese Weise Ihrer Lachbereitschaft nähern, fällt Ihnen die »Übung« weniger schwer.

Und falls es nun gar nicht klappt, falls es Ihnen partout albern vorkommt, allein in einem Raum zu sitzen und vielleicht unausgeschlafen, schlecht gelaunt und miesepetrig die Zimmerwand oder Ihre Schreibtischlampe anzulachen, dass es sich eher wie hohles Bellen anhört, dann lassen Sie es!

Sie können auch lächeln. Lachen wirkt zwar stärker, aber Lächeln ist auch gut, wie zu Beginn dieser Übung ausgeführt.

Lachen und Lächeln sind nicht nur gut für unsere körperliche Gesundheit, sondern auch für unsere Psycho-Hygiene. Lächelnd oder lachend bringen wir uns und anderen Menschen zum Ausdruck, dass wir uns wohl fühlen, entspannt und kommunikativ sind. Dadurch stärken wir unser inneres Gleichgewicht ebenso wie unsere sozialen Beziehungen.

Falls Sie nicht ohnehin schon selbst die Erfahrung gemacht haben, sollten Sie es unbedingt versuchen: Lachen macht glücklich, und je häufiger Sie anderen ein Lächeln schenken, desto positivere Reaktionen bekommen Sie zurück.

Besonders wirkungsvoll ist übrigens die Kombination der Lächelübung mit anderen Übungen. Während Sie beispielsweise die liegende Acht ausführen, dabei tief und gleichmäßig atmen, lächeln Sie. Sie werden sich anschließend leichter und entspannter fühlen.

Diese Übung ist allerdings nicht für Menschen gedacht, die therapeutischer Hilfe bedürfen, sondern für Personen, die ihre täglichen Herausforderungen einigermaßen meistern können. Für Menschen, die ohnehin immer gut drauf sind, ist dieses Training ebenfalls ungeeignet, da ihr Gehirn ständig lacht und entsprechende Endorphine freisetzt.

Zum Umgang mit den Übungen

Bevor Sie in den folgenden Kapiteln eine bunte Palette an Übungen für körperliche Wellness, nervliche Regeneration und seelische Entspannung kennen lernen, will ich Ihnen noch einige Hinweise zum Umgang mit diesen Übungen geben.

Die wichtigste Voraussetzung ist, dass Sie beim Üben Spaß haben. Eine verbissene Einstellung nach dem Motto: »Je mehr ich trainiere, desto fitter werde ich« ist nicht unbedingt förderlich. Natürlich wird Ihr Wohlbefinden sich steigern, wenn Sie die Übungen regelmäßig in Ihren Tagesablauf integrieren, und Sie sind auch keineswegs gezwungen, nach 90 Sekunden abzubrechen. Aber üben Sie auf jeden Fall entspannt und gelassen.

Sämtliche Übungen können Sie ohne Vorbereitung und überall durchführen: am Arbeitsplatz, im Unterricht, in der Freizeit, im Stau, im Bus oder während eines langweiligen Vortrags. Wann immer Sie spüren, dass Sie müde werden, Ihre Konzentration nachlässt oder ein Gefühl der Langeweile oder Unlust in Ihnen aufkommt, schalten Sie 90 Sekunden ab, und schon sind Sie wieder frisch und wach.

Ich selbst wende diese Übungen in meinem Privatleben ebenso an wie bei Seminaren und Vorträgen oder als festes Ritual bei Schülern und Studenten zu Beginn und am Ende jeder Stunde sowie alle 20 bis 25 Minuten im Unterricht. Sie werden sicherlich eine ganze Menge eigener Ideen haben, wie Sie die Übungen in Ihren Tagesablauf einbauen können.

Als »Klangtapete«, das heißt als Hintergrundmusik spiele ich meist beruhigende Musik, die die Aufnahmebereitschaft und Entspannungsfähigkeit fördert und einen Motivationsrahmen für die Entspannungsminuten erzeugt.

Das Schöne an der 90-Sekunden-Pause ist, dass Sie lernen, sich selbst zu steuern und Ihre Kräfte bestmöglich einzusetzen. Sie allein sind Ihr Manager, Trainer und Lehrer. Sie lenken und verstärken Ihr persönliches Energiepotenzial. Haben Sie dabei Vertrauen zu sich selbst. Ihr innerer Lehrer wählt für Sie die Übungen aus, die Ihnen gut tun werden.

Mein Vorschlag: Schlagen Sie mit geschlossenen Augen eine Seite im Buch auf, tippen Sie mit dem Finger darauf, und beginnen Sie mit der entsprechenden Übung.

Je mehr Methoden Sie kennen lernen, desto gezielter werden Sie sich Übungen aussuchen können, die Sie jeweils brauchen. Setzen Sie sie auch als Kommunikationsspiele mit anderen ein, um das Nervensystem von Zeit zu Zeit auf Ruhe, Entspannung, Stille, Freude oder Humor zu programmieren.

Und nun geht's los. Viel Spaß!

»Eine Reise von 1000 Meilen
beginnt mit dem ersten Schritt.«

Chinesische Weisheit

Power Wellness II: Stretching
Den Körper dehnen ... mit einem Lächeln

Dehn- und Streckübungen kann man gar nicht häufig genug machen, um Knochen und Muskeln fit zu erhalten. Besonders die Wirbelsäule sackt im Laufe des Tages zusammen. Wussten Sie, dass Sie morgens bis zu zwei Zentimeter länger sind als abends? Messen Sie sich probeweise einmal.

Nach einer gründlichen Streckübung können Sie verlorene »Größe« zurückgewinnen. Und wenn Sie im Laufe des Tages immer wieder an Ihre Wirbelsäule denken, sich vorstellen, an Ihrem oberen Hinterkopf sei ein Faden befestigt und der ziehe Sie langsam in die Höhe, während Sie ihm mit winzigen kreisenden Räkelbewegungen folgen, dann beugen Sie effektiv altersbedingten Wirbelsäulen- und Bandscheibenschäden vor.

Stretching macht leistungsfähig, weswegen es auch eine gute Vorbereitung für andere sportliche Tätigkeiten ist, etwa vor einer Jogging-Runde. Durch eine behutsame Muskeldehnung wird die Durchblutung gesteigert, der Organismus erwärmt und Ihre Muskelbeweglichkeit erhöht. Außerdem verhelfen Dehnübungen zu einem vertieften Körpergefühl.

Wichtiger Hinweis zu allen Fitness-Übungen:
Bitte achten Sie auf Isometrie, d. h. üben Sie nicht einseitig, sondern immer ausgeglichen: Haben Sie das rechte Bein gedehnt, so kommt anschließend das linke dran. Wenn Sie den Oberkörper links herum drehen, so sollte anschließend die Drehung rechts herum folgen. Eine solche Gleichmäßig-

keit bei den Übungen verhindert einseitige Belastungen und dadurch bedingten Verschleiß.

Bevor Sie die nachfolgenden Körperdehnübungen machen, empfehle ich Ihnen ein Warming-up, bei dem Sie Ihren Körper durch An- und Entspannung »aufwärmen« und so auf die Streckung vorbereiten. Und vergessen Sie Ihr Lächeln nicht …

Warming-up I

Zur Einstimmung und Aufwärmung

Sie stehen aufrecht und schütteln den Körper einige Male kräftig durch, wobei Sie locker ein- und ausatmen.

Mit der Einatmung spannen Sie nun ungefähr sieben Sekunden lang alle Muskeln fest an.

Dann atmen Sie wieder aus und lassen los. Ihre Muskeln entspannen sich.

Falls Ihnen die Übung »Schwer wie ein Stein – leicht wie eine Feder« gut gefallen hat, können Sie sie ebenfalls als Aufwärm- und Einstimmungsübung verwenden.

Beinbeuger

Dehnung der hinteren Oberschenkelmuskulatur

Stellen Sie sich vor einen Stuhl oder eine Bank, und legen Sie das linke Bein mit der Ferse darauf.

Die Hände stützen Sie locker auf die Hüfte, die Kniegelenke sind nicht völlig durchgestreckt.

Nun beugen Sie einige Male den Oberkörper nach vorn. Schaffen Sie es, mit der Nase fast das Knie zu berühren? Wenn ja, alle Achtung! Aber Vorsicht, das ist anstrengend und kein Muss.

Anschließend wechseln Sie das Bein und wiederholen die Oberkörperbeugungen.

Beinstrecker

Dehnung der vorderen Oberschenkelmuskulatur

Abbildung unten

Sie stehen locker, dabei möglichst aufrecht und gestreckt. Stellen Sie sich vor, wie alle Muskeln und Sehnen die folgende Dehnung genießen werden.

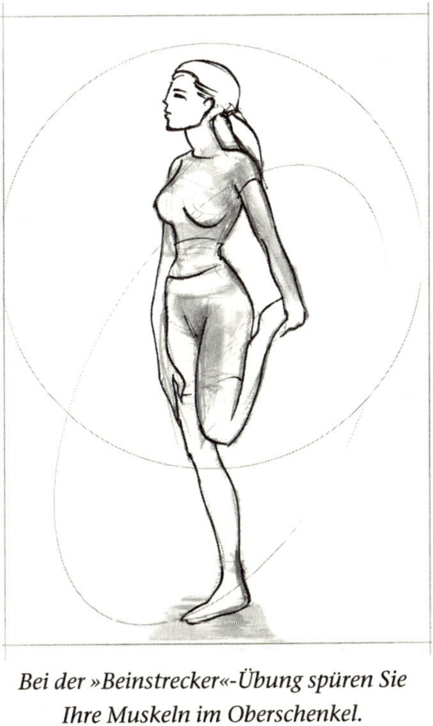

Bei der »Beinstrecker«-Übung spüren Sie Ihre Muskeln im Oberschenkel.

Winkeln Sie nun das rechte Bein an. Umfassen Sie den rechten Fuß mit der rechten Hand, und drücken Sie ihn leicht gegen das Gesäß.

Versuchen Sie, so lange wie möglich Ihr Gleichgewicht zu halten und das Knie nah am Standbein zu lassen. Das Kniegelenk des Standbeins ist nicht ganz durchgedrückt.

Spüren Sie, wie es vorn im angewinkelten Oberschenkel zieht? Dann machen Sie die Übung richtig. Wechseln Sie nun das Standbein, und wiederholen Sie die Übung.

Wadenfit

Dehnung der Wadenmuskulatur

Bei vielen Menschen sind als einzige Muskeln die Waden strapaziert, dann nämlich, wenn die sportlichen Bewegungen sich auf das Laufen beschränken. Die überbeanspruchten Wadenmuskeln brauchen regelmäßige Dehnung:

Stellen Sie sich vor eine Wand oder einen Baum, und stützen Sie sich mit beiden Händen ab.

Das linke Bein steht im Schrittabstand vor dem rechten. Verlagern Sie langsam das Gewicht von dem vorderen auf den hinteren Fuß, ohne die Fersen vom Boden zu heben.

Wenn Sie fünfmal das Gewicht von vorn nach hinten und wieder zurück verlagert haben, wechseln Sie die Füße und stellen nun das rechte Bein vor. Wieder bewegen Sie sich fünfmal langsam vor und zurück.

Wichtig: Beide Fersen müssen ständigen Bodenkontakt haben.

Armbeuger

Dehnung des Bizeps

Diese Übung macht Sie fit und beugt Verspannungen der Brust- und Armmuskulatur vor.

Sie stehen in leichter Schrittstellung, das linke Bein vorn, das rechte zurück. Die rechte Hand ist locker auf die Hüfte gestützt.

Heben Sie nun den linken Arm gestreckt seitlich in Schulterhöhe. Dabei drehen Sie den Oberkörper nach rechts. Sie können die dabei entstehende Dehnung verstärken, indem Sie den gestreckten Arm leicht nach hinten drücken.

Wiederholen Sie die Dehnung fünfmal, halten Sie den leicht nach hinten ausgestreckten Arm in unterschiedlicher Griffhöhe. Dadurch stretchen Sie verschiedene Teile der Brustmuskulatur.

Anschließend wiederholen Sie das Ganze mit der anderen Seite: rechter Fuß nach vorn, rechter Arm gestreckt zur Seite, dehnen und dabei den Oberkörper nach links hinten drehen.

Diese Übung gibt Ihnen ein wohliges, entspanntes Körpergefühl.

Armstrecker

Dehnung des Trizeps und des Schultergürtels

Nach dem Bizeps nun der Trizeps (so genannter »Ellbogenstrecker«):

Sie stehen aufrecht mit gestreckter Wirbelsäule (kein Hohlkreuz) und heben die Arme. Legen Sie die rechte Hand hinter dem Kopf auf Ihre Schultermitte. Zur Verstärkung der Dehnung umfassen Sie mit der linken Hand den rechten Ellbogen und ziehen ihn vorsichtig nach hinten.

Machen Sie diese Übung drei- bis fünfmal. Dann wechseln Sie die Seite: rechte Hand hinter dem Kopf auf die Schulter, mit der linken leicht nach hinten drücken.

Wichtig: Achten Sie darauf, dass der Kopf gerade bleibt und Sie nicht den Oberkörper vorbeugen.

Für geschmeidige Oberschenkel

Dehnung der Abduktoren

Setzen Sie sich auf den Boden, und legen Sie die Fußsohlen vor sich aneinander. Der Rücken bleibt gerade.

Ihre Unterarme liegen auf den Unterschenkeln und drücken die Knie leicht nach unten.

Sie können die Intensität dieser Übung durch den Druck auf die Beine dosieren oder durch den Abstand der Füße zum Körper. Je näher Sie diese zu sich heranziehen, desto stärker dehnen Sie Ihre Abduktoren, d. h. die inneren Oberschenkelmuskeln.

Aber Vorsicht: Seien Sie anfangs nicht zu ehrgeizig. Wirkungsvoll ist die Übung nur, wenn Sie die Muskeln allmählich in die Länge dehnen.

2
Inner Wellness

Die Zeit läuft uns davon.
Wem laufen wir davon?
Wann bekommen wir endlich »hetzefrei«?

Volker Karrer

Muskeln und Sehnen sind nun warm und gedehnt, Ihr Körper ist wunderbar vorbereitet für die nun folgenden Übungen des »Inner Wellness«, bei dem Sie sich ohne Anstrengung entspannen und Ihre Leistungsfähigkeit spielerisch steigern.

Bevor Sie sich auf die Reise ins Land des inneren Wohlbefindens begeben, lesen Sie noch einige hilfreiche Tipps zur wirkungsvollsten Anwendung der Übungen zum »Inner-Wellness-Training«, den Kurzzeitübungen mit Langzeitwirkung.

Wie Sie »Inner Wellness« optimal anwenden

- Die »Inner Wellness«-Übungen für Ihr persönliches Wohlbefinden dauern jeweils etwa 90 Sekunden, es darf natürlich auch länger sein.
- Kombinieren Sie am Anfang drei bis vier Übungen täglich, und steigern Sie die Anzahl langsam.
- Die Atmung ist bei allen Übungen ruhig, entspannt und fließend. Manchmal soll sie nach der Entspannungsphase kräftig sein, um eine vitalisierende Wirkung zu haben.

- Spüren Sie nach jeder Aktivität in sich hinein. Wo sind Verspannungen, und wie fühlen sich Entspannung und Wohlbefinden an?
- Achten Sie darauf, ob Ihre Haltung locker oder verkrampft ist, und denken Sie daran zu lächeln. Lassen Sie »die Seele in der Sonne baumeln«, wie Kurt Tucholsky es nannte.
- Die Muskelanspannungsphase bei allen Übungen soll etwa sieben Sekunden lang sein. Danach lassen Sie sich genügend Zeit für das wohlige Gefühl der Entspannung.
- Jede Übung kann je nach Wunsch zwei- bis dreimal wiederholt werden.
- Falls es die Situation erfordert, beenden Sie die Entspannungsphase durch zwei- bis dreimaliges kräftiges Ein- und Ausatmen. So können Sie Ihre Aufmerksamkeit wieder auf die Erfordernisse Ihrer Alltagsumgebung richten.
- Sie sind Ihr eigener innerer Meister.
- Ihr Wohlbefinden zeigt Ihnen den Weg.

Und nun viel Spaß!

Übungen

Die erwachende Katze

Haben Sie schon einmal eine Katze beobachtet, die nach einem Schläfchen aufwacht? Wie sie blinzelnd die Welt eine Weile durch halb geöffnete Augen ansieht, dann leicht den Kopf hebt, die Lippen leckt und sich endlich sehr langsam und sinnlich streckt?

Seien Sie jetzt diese Katze, empfinden Sie ihren Genuss,

wenn sie sich durch eine unglaublich wohltuende Streckung von Kopf bis zum kleinen Zeh allmählich aus dem Schlaf schält. Spüren Sie jedem einzelnen Knochen, jedem Muskel, jeder Sehne, jeder Faser Ihres Körpers nach, wenn Sie sich in kleinen rollenden Bewegungen auseinander ziehen und immer länger werden. Sinnliche Schauer laufen Ihnen dabei über den Rücken, die Sie als den Inbegriff der Lebenslust empfinden.

Vielleicht möchten Sie diese Bewegung als mächtige, vitale, aktive Streckung vollziehen, die mehr Power enthält. Dann stellen Sie sich einfach vor, Sie seien eine große Raubkatze, voller Kraft und Schönheit, gleichzeitig stark wie ein Tiger, elegant wie ein Gepard und schön wie ein Jaguar, dessen glänzendes Fell beim Strecken über die Rippenbögen gleitet.

Reiben Sie sich zum Schluss die Augen, und streichen Sie mit sinnlichen Bewegungen über Gesicht, Hals und Nacken, bevor Sie sich geschmeidig erheben und mit neuer Tatkraft Ihre Aufgaben bewältigen.

Stress abschütteln

Sie stehen aufrecht mit leicht gespreizten Beinen. Beginnen Sie den ganzen Körper, besonders Arme und Beine, zu schütteln und sich so von allen Belastungen, negativen Gedanken, Ärger und Sorgen zu befreien. Unterstützen Sie sich dabei mit kräftiger, hörbarer Ausatmung.

King Kong

Sie alle kennen den Riesenaffen King Kong aus dem gleichnamigen Film. Bei dieser Übung stehen Sie aufrecht mit leicht gespreizten Beinen, spannen alle Muskeln an und trommeln sich mit beiden Fäusten auf die Brust. Dazu stoßen Sie »Aah«- oder »Ooh«-Laute aus.

Spüren Sie Ihre Kraft und Größe, spüren Sie Ihre zunehmende Lebendigkeit.

Der Bergsteiger über dem Nebel

Stellen Sie sich hoch im Gebirge eine Nebelwand vor. Sie besteigen einen imaginären Berg, indem Sie die Hände über den Kopf heben und dabei immer höher klettern. Den Nebel ziehen Sie mit den Händen so lange nach unten, bis Sie in der Sonne auf dem Berggipfel stehen. Wie fühlt sich das an?

Der Nebel hat sich in der Zwischenzeit in Wasser verwandelt, das sich in einem klaren Bergsee gesammelt hat. Wenn Sie möchten, können Sie nach dem Abstieg einen Sprung ins erfrischende Wasser machen.

Quasimodo

Der Glöckner von Notre-Dame kann nicht anders, er zieht seine Schultern hoch. Sie hingegen stehen aufrecht, locker und entspannt.

Werden Sie einmal für wenige Sekunden zu Quasimodo: Mit der Einatmung ziehen Sie die Schultern so weit wie möglich zu den Ohren hoch und bleiben sieben Sekunden lang in dieser Haltung. Danach lassen Sie mit der Ausatmung die Schultern fallen und entspannen den gesamten Körper.

Wie haben Sie sich in der Rolle gefühlt? Kommt es gelegentlich vor, dass Sie Ihre Schultern hochziehen? Vor welchen Situationen buckeln Sie? Wovor oder vor wem wollen Sie sich schützen?

Wiederholen Sie die Übung, und konzentrieren Sie sich besonders auf die Entspannung am Schluss.

Ein Sandsack auf dem Rücken

Ein schwerer Sandsack liegt auf Ihrem Rücken und den Schultern. In ihm befinden sich all Ihre Sorgen und Ängste. Durch diese Last ist Ihre Haltung leicht gebeugt.

Sie haben die Arme vor der Brust gekreuzt. Mit einem »Hach«- oder »Hah«-Laut schleudern Sie sie ruckartig nach hinten hoch und werfen den Sandsack ab. Atmen Sie ruhig weiter, dann wiederholen Sie den Vorgang zwei- bis dreimal.

Die imaginäre Wand

Gehen Sie leicht in die Hocke, strecken Sie die Arme aus und drücken mit aller Kraft eine imaginäre Wand von sich weg. Nun breiten Sie die Arme aus und stemmen zwei Wände rechts und links von Ihnen zur Seite. Anschließend schütteln Sie kräftig die Arme aus.

Die Decke stemmen

Sie stehen mit leicht gebeugten Knien. Die Arme heben Sie über den Kopf, die Handflächen zeigen nach oben. Sie stemmen sich gegen eine imaginäre Decke oder den Himmel. Nun lassen Sie los, schütteln Arme und Körper kräftig aus und stemmen die Decke nochmals weg.

Als Alternative können Sie sich die Decke mit geballten Fäusten herunterziehen.

Atem schöpfen

Stellen Sie sich vor, Sie befinden sich bis zum Bauch in warmem Wasser. Sie stehen aufrecht und locker und fühlen sich wohl. In Ihrer Vorstellung halten Sie mit nach oben zeigenden Handflächen einen großen Ball vor dem Bauch. Mit der Einatmung heben Sie ihn langsam bis zur Brust hoch; danach drehen Sie die Handflächen nach unten und drücken den Ball mit der Ausatmung wieder bis zur Nabelgegend unter Wasser.

Wiederholen Sie den Vorgang einige Male.

»Ich bin topfit«

Energieschubübung

Grundlage dieser Übung ist eine alte magische Aktivierungsformel, die in uns neue Energien freisetzt. Wichtig ist, dass die vier Silben von »Ich bin topfit« im gleichen Rhythmus gerufen werden, wie Sie die dazugehörigen Bewegungen machen.

Sie stehen aufrecht mit leicht angewinkelten Knien, beugen sich nach vorne und schlagen mit den Handflächen auf den Boden. Dabei rufen Sie: »Ich«.

Nun richten Sie sich auf, wobei Sie sich zuerst auf die Oberschenkel (»bin«) und schließlich auf die Brust (»top«) schlagen.

Schließlich werfen Sie die Arme hoch über den Kopf (»fit«). Wiederholen Sie die Übung sechs- bis siebenmal, wobei Sie immer schneller werden.

»Eeh jaa«

So bringen Sie Ihren Kreislauf in Schwung: Stellen Sie sich aufrecht hin, atmen Sie tief ein, und heben Sie dabei die Arme über den Kopf. Mit der Ausatmung gehen Sie langsam in die Hocke, senken die Arme vor dem Körper und geben dabei ein langgezogenes »eeh« von sich.

Anschließend schnellen Sie mit einem kräftigen »jaa« wieder hoch, wobei Sie die Arme über den Kopf nach oben werfen.

Wiederholen Sie diese vitalisierende Übung drei- bis viermal, und spüren Sie, wie zugleich mit neuer Energie auch die gute Laune kommt.

Der Atemstrom

Diese Übung können Sie im Sitzen, Stehen oder Liegen machen: Lassen Sie Ihren Atem fließen, und stellen Sie sich dabei vor, er sei ein breiter, gemächlicher Strom. Legen Sie die Hände auf den Bauch, so dass sie sich im Rhythmus Ihres Atems heben und senken. Dabei denken Sie an die friedlichen, grünen Uferlandschaften, die an Ihnen wie von einem breiten Strom aus vorbeiziehen.

Dirigieren

Legen Sie Ihre Lieblingsmusik auf, und dirigieren Sie diese wohlbekannte Melodie selbst. Sie kennen die Stellen, die dramatisch sind, und auch die zarten, leisen Töne.

Sie können sich aber auch nur vorstellen, diese Musik zu hören. Wiederum dirigieren Sie, doch diesmal möchten Sie der Melodie eigene Akzente verleihen. Sie gestalten sie entsprechend Ihrer Stimmung und Ihren Wünschen, das heißt Sie lassen sie an manchen Stellen schneller oder langsamer werden, geben ihr mehr Dynamik, Eleganz oder Zartheit. Diese Übung regt Sie körperlich wie seelisch an.

Energieklopfen

Stimulieren Sie Ihren Lymph- und Blutfluss, indem Sie mit lockeren Fäusten den ganzen Körper von unten nach oben abklopfen, zuerst die linke, dann die rechte Seite.

Spüren Sie, wie Ihre Zellen warm und wach werden?

Äpfelpflücken

Erinnern Sie sich an Ihre frühe Kindheit, als Sie ganz klein waren und die Welt über Ihnen unerreichbar groß? Versetzen Sie sich in diese Zeit zurück. Stellen Sie sich auf die Fußspitzen, strecken Sie die Arme aus, und greifen Sie nach den Dingen, an die Sie kaum heranreichten. Beispielsweise können Sie sich vorstellen, wie Sie hoch hängende Äpfel pflücken wollen – und es mit etwas Anstrengung auch schaffen.

Suchen Sie nach weiteren Erinnerungen an diese Zeit. Welche Bewegungen machten Ihnen Spaß? Hampelmannspringen? Mit ausgestreckten Armen im Kreis drehen? Lassen Sie Ihrer Fantasie freien Lauf: Machen Sie die alten Übungen, und versetzen Sie sich dabei in Ihre frühkindlichen Glücksgefühle.

Der Fahrstuhl

Sie gehen in die Hocke: Der Fahrstuhl, den Sie darstellen, ist im Keller. Die Arme sind vor dem Körper ausgestreckt. Während der Fahrstuhl nach oben fährt, strecken Sie die Beine auf jedem Stockwerk etwas mehr, bis Sie, im siebten Stock angekommen, wieder mit geraden Beinen stehen.

In jedem Stockwerk verweilen Sie zwei bis drei Sekunden. Vielleicht steigt ja ein netter Mensch zu. Wenn Sie sich unterhalten wollen, bleiben Sie etwas länger auf dem betreffenden Stockwerk. Sie haben genug Fantasie für eine kleine Plauderei, auch wenn es dabei wieder vom siebten zum dritten Stockwerk hinuntergehen sollte, da Ihr Gesprächspartner dort aussteigen möchte. Im siebten Stock angekommen, schütteln Sie die Beine gut aus.

Zur Intensivierung: Halten Sie in den ausgestreckten Armen einen Stuhl, aber vermeiden Sie Überanstrengung.

Die Atempause

Legen Sie die Hände auf den Bauch, und spüren Sie, wie der Atem in Ihr Zentrum, Ihre Mitte fließt. Mit jeder Ein- und Ausatmung hebt und senkt sich der Bauch. Verfolgen Sie diese ruhige Bewegung als Beobachter: Lassen Sie sie einfach geschehen, ohne nachzuhelfen. Spüren Sie tief in sich hinein, während die Atemluft Sie anfüllt, und richten Sie Ihre Aufmerksamkeit bei der Ein- und Ausatmung sanft auf die Nasenspitze.

Der meditative Blick

Im Sitzen legen Sie die ausgestreckten Zeigefinger etwa 30 Zentimeter vor Ihren Augen aneinander. Blicken Sie auf die Fingerspitzen, und bewegen Sie die Hände langsam auseinander. Ihr Blick bleibt auf die sich nach links und rechts bewegenden Zeigefinger und die Ferne gerichtet, bis die Zeigefinger nur noch aus den Augenwinkeln zu sehen sind.

Wichtig: Der Blick geht in die Ferne, die Atmung fließt ruhig. Danach bewegen Sie die Zeigefinger langsam wieder in die Ausgangsposition zurück. Wiederholen Sie den Vorgang zwei- bis dreimal.

Blickstafette

Wenn Ihre Augen angestrengt sind, weil Sie lange am Computer gearbeitet oder konzentriert gelesen haben, verhilft die Blickstafette Ihren Augen zu Entspannung und Wohlbefinden.

Atmen Sie ruhig und gleichmäßig, und schließen Sie das linke Auge. Möglicherweise können Sie sich dabei am besten entspannen, wenn Sie es mit einer Hand abdecken. Mit dem rechten Auge fixieren Sie einen Gegenstand in Ihrer

Nähe, dann wandert der Blick zu einem etwas ferneren Objekt, dann zu einem noch weiter entfernten, bis Sie schließlich in die Ferne, etwa in die Wolken hinaufsehen. Dann wandert der Blick allmählich wieder zum Ausgangspunkt in Ihrer Nähe zurück. Bei jedem Gegenstand verweilen Sie ein paar Sekunden.

Nun wechseln Sie ab, schließen das rechte Auge und sehen mit dem linken nacheinander die verschiedenen Gegenstände an, wobei Ihr Blick wieder vom nahen in den fernen Bereich und schließlich über dieselben Etappen zurückwandert.

Zum Schluss schließen Sie beide Augen, reiben sie sanft, öffnen sie und spüren die Entspannung.

Augenkinder

Die Augen spielen zur Entspannung »große Pause«. Lassen Sie sie erst toben, dann wieder ruhig werden; mal schnell, mal langsam; im Kreis, im Viereck und Dreieck; wild oder beschaulich, aber immer fröhlich. Lassen Sie sie einfach umherlaufen. Lösen Sie sich von der Idee, etwas Bestimmtes sehen zu wollen.

Schließen Sie die Augen jetzt sanft, und seien Sie einige Augenblicke ganz für sich. Wenn Sie Lust haben, können Sie danach bereits die Aufgaben, die auf Sie warten, visualisieren. Dann öffnen Sie die Augen und machen mit frischer Energie weiter.

Regentropfenmassage

Stellen Sie sich vor, dass Regentropfen sanft auf Ihr Gesicht fallen: Klopfen Sie mit den Fingerkuppen leicht oder etwas fester auf Ihr Gesicht, den Kopf, den Nacken und die Schultern. Gelegentliche Hagelschauer sind erlaubt, wenn Ihnen danach zumute ist. Das Kinn lassen Sie dabei entspannt fallen.

Sich verwöhnen mit einer Selbstmassage

Ziehen Sie Schuhe und Strümpfe aus, und massieren Sie Ihren rechten Fuß. Kneten, drücken, zupfen und streicheln Sie ihn gründlich, die Fußsohle ebenso wie den Rist und die einzelnen Zehen. Nehmen Sie den Unterschied zu dem anderen Fuß wahr. Dann wechseln Sie, und verwöhnen auch diesen.

Wenn Sie auf den Geschmack gekommen sind und noch etwas Zeit zum Selbstverwöhnen haben, fahren Sie mit der Massage fort, indem Sie den Körper aufwärts wandern: Massieren Sie die Waden, Oberschenkel, Po, Bauch, Brust, Hände und Arme, wobei Sie sich natürlich noch weiterer Kleidungsstücke entledigen können, um während der Massage den Hautkontakt zu genießen.

Vital-Gesichtsmaske

Legen Sie die Handflächen auf den Bauch, und spüren Sie Ihrem Atem nach. Allmählich laden Sie sich mit wärmender Energie auf. Nun erfrischen Sie Ihr Gesicht, indem Sie es mit den warmen Handflächen ganz zart berühren. Das fühlt sich so an, als hätten Sie eine Gesichtsmaske aufgelegt, von der eine wohltuende, vitalisierende Energie ausgeht.

Nach einiger Zeit streichen Sie diese Maske mit den Händen langsam von der Gesichtsmitte nach außen ab. Lächeln Sie sich anschließend im Spiegel an, und freuen Sie sich über Ihre neu gewonnene Frische.

Der Baum

Wie ein Baum stehen Sie barfuß da, mit tief in den Boden reichenden Wurzeln. Durch sie ziehen Sie Kraft aus der Erde. Ihre Knie sind leicht gebeugt. Verlagern Sie langsam und spielerisch Ihr Gewicht von einem Fuß auf den anderen. Ihre Arme sind zu Ästen geworden, die Sie über dem Kopf im Wind schaukeln lassen.

Plötzlich kommt ein Sturm auf, der die Äste wild schüttelt und rüttelt. Aber der Baum steht fest verwurzelt in der Erde, ihn kann nichts umwerfen. Sprechen oder denken Sie dabei die Affirmation: »Ich atme Kraft.«

Nach dem Sturm lassen Sie Arme und Schultern locker hängen, nun ruhen Sie ganz in sich. Dazu sprechen oder denken Sie die Affirmation: »Ich ruhe kraftvoll in mir und atme Lichtenergie.«

Zu purer Energie werden

Bei dieser Übung können Sie sitzen, stehen oder liegen. Wichtig ist, dass Sie vollkommen entspannt und locker sind.

Atmen Sie mehrmals tief ein und aus. Dann spannen Sie mit einer langsamen Einatmung Füße, Waden, Oberschenkel, Gesäß, Bauch, Brust, Rücken, Arme und Hände – Ihre gesamte Muskulatur – an. Halten Sie nun etwa sieben Sekunden lang sowohl die Atmung als auch Ihre Anspannung. In diesem Zustand sind Sie pure Energie. Dann atmen Sie langsam aus, wobei sich alle Muskeln Ihres Körpers wieder entspannen.

Wiederholen Sie diesen Vorgang einige Male.

Reise nach innen

Spüren Sie intuitiv in sich hinein, und strecken, dehnen oder bewegen Sie sich, gerade so, wie es Ihnen gefällt. Ihr Körper weiß genau, was ihm Wohlbefinden bereitet. Lassen Sie sich auf die Entdeckungsreise ein. Die Atmung fließt ungestört, ganz von selbst.

Gesichtsgymnastik

Für gesundes, strahlendes Aussehen ist Gesichtsgymnastik ein unentbehrlicher Bestandteil Ihrer »Inner Wellness«.

Bewegen Sie die offenen oder geschlossenen Augen nach links und rechts, nach oben und unten. Danach schielen Sie auf die Nase, lassen den Unterkiefer hängen und schneiden wilde Grimassen: lächeln, schauen böse oder gelangweilt, drücken Wut aus oder signalisieren Interesse. Der Fantasie sind keine Grenzen gesetzt. Anschließend massieren Sie mit den Händen sanft das Gesicht.

Das energetische Gummiband

Reiben Sie sich die Hände, bis sie warm sind. Dann legen Sie die Handflächen 30 Zentimeter vor Ihrem Gesicht wie zum Gebet zusammen. Stellen Sie sich ein Gummiband vor, das um Ihre Hände gelegt ist. Ziehen Sie die Hände und das imaginäre Gummiband langsam auseinander, und spüren Sie das Kribbeln der Energie zwischen den Handflächen. Wie weit können Sie die Hände voneinander entfernen und doch noch etwas spüren?

Dann nähern sich die Handflächen wieder, bevor sie sich erneut voneinander entfernen.

Sieben positive Eigenschaften

Denken Sie an sieben Ihrer positiven Eigenschaften. Schreiben Sie sie auf, oder sprechen Sie sie laut aus. Manchmal ist das gar nicht so einfach! Formulieren Sie mit diesen sieben positiven Eigenschaften magische Formeln. Dabei benutzen Sie immer die Gegenwartsform, also zum Beispiel: »Ich bin stark und voller Gelassenheit.« Oder: »Ich vertraue meinen inneren Kräften bei allen wichtigen Angelegenheiten.« Oder: »Ich bin voller Energie und erreiche meine Ziele.«

Zeitjoggen

Joggen, laufen oder springen Sie 90 Sekunden lang auf der Stelle, wenn möglich mit geschlossenen Augen. Sehen Sie auf die Uhr, und fangen Sie an. Hören Sie erst auf, wenn Sie glauben, dass 90 Sekunden vorbei sind.

Um wie viele Sekunden haben Sie sich verschätzt? Dehnen Sie die Übung auf zwei oder mehr Minuten aus. Und laufen Sie vorsichtig mit geschlossenen Augen, da man anfangs leicht die Orientierung verlieren kann.

Schildkröte

Versetzen Sie sich in eine Schildkröte. Sie bewegen sich ganz langsam. Auch Ihr Blick und Ihre Gedanken sind auf dieses Zeitlupentempo programmiert. Können Sie Veränderungen in sich und in Ihrer Beziehung zur Welt wahrnehmen?

Sonne und Licht

Sie stehen aufrecht mit leicht gespreizten Beinen, locker in den Hüften und die Knie etwas gebeugt. Mit der Einatmung führen Sie langsam die Arme seitlich über den Kopf. Die Handflächen strecken sich der Sonne entgegen und nehmen

Lichtenergie und vitalisierende Wärme auf. Bleiben Sie einige Augenblicke so stehen und atmen ruhig. Spüren Sie die Energie.

Mit der Ausatmung führen Sie in einem großen Bogen die Arme mit den Handflächen nach unten seitlich wieder an den Körper.

Zum Schluss lassen Sie die Arme entspannt hängen und fühlen in sich hinein. Zwei- bis dreimal wiederholen Sie die Übung.

Der Schneemann

In Ihrer Fantasie sind Sie zu einem Schneemann geworden. Wie fühlt sich das an? Riecht, schmeckt, hört oder sieht er etwas in der Winterlandschaft, in der er mit ausgestreckten Armen steht? Die Sonne kommt und lässt ihn ganz langsam zusammenschmelzen. Am späten Nachmittag aber schneit es wieder und wird kälter. Kinder kommen und bauen den Schneemann erneut auf. Stolz lächelnd steht er die ganze Nacht aufrecht.

Am Morgen steigt die Sonne wieder auf, am Nachmittag kommen mit dem einsetzenden Schneefall auch die Kinder.

Drei Tage und drei Nächte lang wiederholt sich dieser Rhythmus. Dann wird die Sonnenenergie zu stark, und der Schneemann schmilzt völlig zusammen.

Der Storchenstand

Sie stehen aufrecht, mit dem Rücken zur Wand. Umfassen Sie mit beiden Händen das linke Knie und ziehen es drei- bis fünfmal so weit wie möglich an die Brust heran. Danach wechseln Sie das Standbein. Probieren Sie die Übung auch einmal, ohne sich gegen die Wand zu lehnen.

Überkreuz-Spaziergang

Die folgenden Vorschläge zu einem – zugegebenermaßen etwas skurrilen – »Überkreuz-Spaziergang« zielen weniger auf zügiges Vorankommen als vielmehr auf eine verbesserte Synchronisation Ihrer beiden Gehirnhälften. Also vergessen Sie bei dieser Übung, welchen Eindruck Ihre Fortbewegungsart auf andere machen könnte, und konzentrieren Sie sich stattdessen auf die Effektivität Ihrer inneren Gehirnbahnen.

Vorschlag 1: Während Sie – auf der Stelle oder vorwärts – gehen, berühren Sie bei jedem Schritt ein Knie mit dem gegenüberliegenden Ellbogen: Sie ziehen das linke Knie hoch und berühren es mit dem rechten Ellbogen; beim nächsten Schritt kommen das rechte Knie und der linke Ellbogen zusammen.

Machen Sie sich bei diesem Spaziergang bewusst, dass Ihre beiden Gehirnhälften gleichmäßig stimuliert werden.

Vorschlag 2: Sie gehen wie oben beschrieben. Nur schwingen Sie diesmal Ihre Arme – wechselgleich mit den Knien – hinter den Kopf. Das heißt, während Sie das linke Knie heben, bewegen Sie den rechten Arm hoch, beim nächsten Schritt umgekehrt. Atmen Sie dabei tief, und spüren Sie, wie Sie Ihren ganzen Körper mit Sauerstoff versorgen.

Vorschlag 3: Aufgepasst, jetzt wird es etwas flotter: Schwingen Sie gleichzeitig den linken Arm und das gestreckte rechte Bein vor, dann den rechten Arm und das gestreckte linke Bein.

Marschieren Sie so eine Weile, und achten Sie darauf, ob Sie die Beine immer ein bisschen höher werfen können.

Vorschlag 4: Wenn Ihnen diese dynamischen Bewegungen nicht so liegen, üben Sie einfach im Stehen weiter: Sie strecken den rechten Arm und Oberkörper weit nach vorn, während Sie das linke Bein ausgestreckt nach hinten hochführen. Dann wechseln Sie die Seiten.

Spüren Sie bei dieser Übung die Streckung Ihres gesamten Körpers von den Fingerspitzen der vorderen Hand bis zu den Zehen des zurückgestreckten Beines.

Vorschlag 5: Auch diese Überkreuz-Übung wird auf der Stelle gemacht: Strecken Sie das rechte Bein seitlich hoch, während Sie gleichzeitig den linken Arm nach oben strecken. Dann wechseln Sie die Seiten.

Vorschlag 6: Erfinden Sie Ihre eigenen Überkreuz-Bewegungen. Ihre Fantasie ist grenzenlos. Wie wäre es, wenn Sie sich als Linkshänder mit der rechten Hand die Zähne putzen, sich kämmen oder rasieren? Oder als Rechtshänder einmal vertraute alltägliche Dinge und unbewusst gespeicherte Bewegungsabläufe mit der vernachlässigten linken Hand ausführen? Das kann spannend werden und Sie verblüffen. Auf jeden Fall erweitern Sie die Leistung Ihres Gehirns: Es lernt durch diese »Braingym«-Übungen, neue Bewegungsbahnen zu programmieren.

Psychomotorik

Die folgenden Bewegungsabläufe verlangen ebenfalls eine hohe Koordinationsleistung und Konzentration. Wie schwer oder leicht fallen sie Ihnen? Hier haben Sie eine gute Gelegenheit, Ihre Fortschritte zu überprüfen. Alle Bewegungen werden aus dem aufrechten, lockeren Stand gemacht.

Stufe 1: Ihre ausgestreckte linke Hand zeichnet vor dem Körper eine Gerade in die Luft; gleichzeitig beschreibt die rechte Hand einen Kreis.

Stufe 2: Sie führen die gleiche Bewegung durch, doch mit einer zusätzlichen Schwierigkeit: Die linke Hand wird schneller, während die rechte langsamer wird. Versuchen Sie es anschließend auch umgekehrt, lassen Sie die linke langsamer und die rechte schneller werden.

Stufe 3: Die linke Hand beschreibt einen rechten Winkel, während die andere einen Kreis in die Luft malt. Schließlich wechseln Sie wieder.

Stufe 4: Lassen Sie nun wie beim Bauchtanz die Hüften kreisen, während die linke Hand weiterhin den rechten Winkel beschreibt.

Falls Ihnen diese Bewegung auf Anhieb gelingt: herzlichen Glückwunsch! Wenn nicht, lassen Sie sich nicht entmutigen, sondern probieren Sie es weiterhin. Sie werden im Laufe der Zeit feststellen, dass Sie Ihre Bewegungen immer besser koordinieren können.

Luftmalerei

Schreiben Sie mit beiden Händen gleichzeitig in die Luft, und testen Sie, welche Richtung Ihnen leichter und welche schwerer fällt:

Zuerst schreiben Sie mit beiden Händen von links nach rechts, dann spiegelbildlich, also von rechts nach links. Schließlich schreiben Sie mit der rechten Hand nach rechts und mit der linken nach links, und dann probieren Sie es umgekehrt: mit der linken nach rechts und der rechten Hand nach links.

Sie können auch mit Buntstiften auf ein Blatt schreiben. Oder Sie malen statt Buchstaben Gegenstände. Alles ist erlaubt, Ihre Fantasie ist wieder einmal gefragt.

Zum Abschluss zeichnen Sie mehrmals mit beiden Händen eine liegende Acht.

Die (Wieder-)Entdeckung der Sinne

Sehen. Suchen Sie sich ein beliebiges Objekt – etwa ein Stück Holz, einen Stein, ein Glas oder eine Blume –, und betrachten Sie es etwa 90 Sekunden lang. Nehmen Sie Ihre Umgebung nur am Rande wahr. Ihre Aufmerksamkeit ist ausschließlich auf den gewählten Gegenstand gerichtet. Beschreiben Sie ihn: Ist er klein oder groß, bunt oder einfarbig, eckig oder rund?

Hören. Schließen Sie die Augen, und lenken Sie Ihre Aufmerksamkeit auf die Geräusche der Außenwelt. Wie ordnen Sie diese ein? Sind sie laut oder leise, hell oder tief? Was können Sie in Ihren inneren Räumen hören?

Riechen. Lassen Sie die Augen geschlossen. Gibt es etwas in der unmittelbaren Umgebung zu riechen? Etwas, das würzig oder süßlich riecht, vermodert oder frisch?

Schmecken. Sie essen oder trinken etwas mit geschlossenen Augen (auch in Ihrer Vorstellung). Können Sie verschiedene Nuancen schmecken? Bitter, süß, sauer, scharf oder salzig?

Tasten. Berühren Sie mit geschlossenen Augen verschiedene Gegenstände, etwa ein Stück Obst oder einen Teller, Holz, Metall oder Watte. Wie fühlen sie sich an? Warm oder kalt, hart oder weich, eckig oder rund?

Empfinden. Wie fühlen Sie sich im Hier und Jetzt? Wie fühlt sich wohl Ihr Partner oder Ihr Chef, die Menschen in Ihrer Familie oder ein Schmetterling auf einer Blume?

Rückenlage

Sie liegen mit angezogenen Knien entspannt auf dem Rücken, die Arme umfassen die Knie oder liegen seitlich neben dem Körper. Atmen Sie ruhig und fließend. Die Rückenlage unterstützt Sie dabei, sich zu entspannen, beruhigt Geist und Seele, baut neue Energien auf und hilft gegen Schlaflosigkeit und Nervosität.

Kerze

Sie liegen mit ausgestreckten Beinen auf dem Rücken, die Arme seitlich neben dem Körper. Mit der Einatmung heben Sie langsam die gestreckten, geschlossenen Beine behutsam bis weit über den Kopf. Mit den Händen stützen Sie Ihre Taille und strecken mit der Ausatmung die Beine kerzengerade in die Luft. In dieser Haltung atmen Sie dreimal ruhig und entspannt. Dann kehren Sie mit der Ausatmung langsam und vorsichtig in die Ausgangslage zurück.

Die Kerze verbessert die Gehirndurchblutung, wirkt ausgleichend auf das Zentralnervensystem, hilft bei müden Beinen und Nervenleiden, beeinflusst den gesamten Organismus positiv und entspannt den ganzen Körper.

Dreieck

Abbildung unten

Mit der Dreiecks-Übung tun Sie gleichzeitig etwas für Ihre Gesundheit und Schönheit: Sie lindern Rückenschmerzen, lockern Ihre Hüfte, und Sie sorgen für eine schlanke Taille und stramme Schenkel- und Beinmuskeln.

Stellen Sie sich mit gegrätschten Beinen hin, und beugen Sie den Oberkörper mit einer Ausatmung langsam nach rechts. Die rechte Hand berührt das rechte Bein außen, wäh-

Gesund und schön mit dem »Dreieck«

rend der linke Arm nach oben gestreckt ist und so eine Linie mit dem rechten Arm bildet. Drehen Sie den Kopf zur linken Hand. Mit einer Einatmung richten Sie sich langsam auf. Nun wiederholen Sie die Übung zur anderen Seite.

Tapferkeitsstellung

Abbildung unten

Wenn Sie merken, dass Sie sich auf Ihre Arbeit nicht mehr konzentrieren können, ist die Tapferkeitsstellung genau die

Mit der Tapferkeitsstellung die Konzentration stärken

richtige Übung, mit der Sie innerhalb von 90 Sekunden nicht nur Ihre Geisteskraft erneut sammeln, sondern auch die Atmung unterstützen sowie den gesamten Körper kräftigen können.

Grätschen Sie das rechte Bein nach vorn. Es ist leicht gebeugt. Das hintere linke Bein bleibt gestreckt. Legen Sie die Hände vor sich wie zum Gebet aneinander. Während Sie einatmen, führen Sie sie vor der Brust langsam nach oben und behutsam über den Kopf nach hinten, bis Sie im Hohlkreuz stehen. Hier halten Sie die Luft an, solange es angenehm ist. Schließlich bewegen Sie sich entspannt mit einer Ausatmung in die Ausgangsstellung zurück. Dann wechseln Sie den Fuß und wiederholen die Übung.

90-Sekunden-Meditationen

Betrachten Sie einmal Ihren gesamten Alltag als Übung. Machen Sie ihn zur Meditation, indem Sie zwischendurch immer wieder 90 Sekunden lang innehalten.

Morgen-Meditation Strecken und dehnen Sie sich im Bett wie eine Katze. Atmen Sie einige Male kräftig ein und aus, und freuen Sie sich auf den Tag.

Zwischendurch-Meditation Lassen Sie sich einige Male während des Tages, im Sitzen oder Stehen, von der Ein- und Ausatmung mit Energie durchströmen. Schließen Sie die Augen, und stellen Sie sich vor, wie Sie mit jedem Atemzug Licht und Energie aufnehmen und durch den ganzen Körper senden. Beim Ausatmen verlassen Sie alle unangenehmen Gefühle und Gedanken.

Bewegungs-Meditation Laufen, gehen, tanzen Sie, oder treiben Sie Sport. Ganz gleich, was Sie tun, machen Sie es ohne Anstrengung, ohne Ziel, nur mit Freude an der Bewegung.

Arbeits-Meditation Beobachten Sie alle Ihre beruflichen Tätigkeiten mit entspannter Atmung, ohne irgendetwas in irgendeiner Weise zu bewerten.

Wut-Meditation Schreien oder schlagen Sie auf ein Kissen ein, und schauen Sie sich dabei urteilsfrei zu. Sie werden sich anschließend freier fühlen.

Stop-Meditation Mitten in einer Bewegung oder einem Gedankengang halten Sie plötzlich inne und sind für einige Augenblicke nur für sich da. Unterbrechen Sie so mehrmals am Tag Ihre Alltagsroutine. Beobachten Sie dabei nur das Fließen Ihrer Atmung.

Müßiggang-Meditation Genießen Sie jeden Augenblick einer bestimmten Tätigkeit, etwa der Zubereitung einer Tasse Tee, vom Wasseraufsetzen bis zum letzten Schluck. Oder tun Sie einfach gar nichts. Schauen Sie den Wolken zu, oder hören Sie auf die Sie umgebenden Geräusche. Einfach loslassen …

Schreib-Meditation Schreiben Sie auf, was Sie beschäftigt. Negative Aufzeichnungen verbrennen Sie hinterher, positive Äußerungen oder Wünsche tragen Sie bei sich.

Mitgefühl-Meditation Wenn Sie stark genug sind, fühlen Sie mit Ihrem Nachbarn, Ihrem Partner oder Ihrer Familie, und lassen Sie Ihren Mitmenschen – gegebenenfalls – positive

Energie durch die Kraft Ihrer Gedanken oder Ihrer Taten zukommen.

Musik-Meditation Hören Sie ruhige, entspannende Musik, und lassen Sie sich von Ihren Empfindungen davontragen.

Achtsamkeits-Meditation Seien Sie bei allem, was Sie tun, achtsam und bewusst. So wird der Alltag zur Übung … wird zur Meditation … ist Meditation.

Pendelatmung

Die Pendelatmung hilft Ihnen, die Tiefen Ihres Körpers mit gleichmäßigem Atem zu erfüllen. Zuvor entspannen Sie sich auf eine Art, die sich bei Ihnen als angenehm und wirkungsvoll erwiesen hat. Beispielsweise können Sie während einer Einatmung alle Muskeln Ihres Körpers gleichzeitig anspannen, die Spannung fünf bis sieben Sekunden halten und dann mit einer tiefen Ausatmung wieder loslassen.

Nun stellen Sie sich ein Pendel vor, das vor Ihren (geschlossenen) Augen hin- und herschwingt. Hin und her. Hin und her. Folgen Sie mit Ihrem Atem der Schwingung des Pendels. Ihre Atemzüge werden immer ruhiger und gleichmäßiger, bis Sie selbst den Pendelrhythmus angenommen haben, weit und schwingend geworden sind.

Wenn Ihr Atem noch zu flach ist und nicht bis in den Beckenboden vordringt, stellen Sie sich ein größeres, schwereres Pendel vor, das langsamer und tiefer schwingt.

Adler sein

Abbildung unten

Diese Übung verbindet Fantasie mit einem starken Körpergefühl. Sie sorgt für Entspannung und gute Laune.

Stellen Sie sich, möglichst ohne Schuhe, aufrecht hin, und breiten Sie die Arme seitlich aus, als wären es kräftige Flügelschwingen. Die Handflächen sind nach unten gerichtet.

Strecken Sie sich ein wenig, und schwingen Sie nun mit den Armen locker und anmutig auf und ab. Sie sind ein wunderschöner großer Vogel, der kraftvoll über eine mär-

Fliegen – ein uralter Menschheitstraum

chenhafte Berglandschaft kreist. Der Wind trägt Sie mit sich, und Sie erleben höchste Glücksgefühle.

Sieben Schritte zur Turbo-Entspannung

Wenn Sie das Gefühl haben, unter schwer erträglicher Anspannung zu stehen, sich aber noch nicht einer Feierabendentspannung hingeben können, hilft Ihnen das folgende, sehr wirkungsvolle Kurzprogramm zur schnellen Entspannung. Sie können es im Liegen oder Sitzen ausführen.

1. Verschränken Sie die Hände hinter dem Kopf, und drücken Sie die Ellbogen weit nach hinten.
2. Strecken Sie die Beine aus, und spannen Sie gleichzeitig alle Muskeln fest an. Die Zehenspitzen zeigen nach vorn.
3. Spannen Sie die Bauchmuskeln stark an, und spüren Sie ihre Kraft. Halten Sie die Luft an, und zählen Sie bis sieben.
4. Während Sie sanft ausatmen, lockern sich all Ihre Muskeln.
5. Fühlen Sie dieser wohltuenden Entspannung nach.
6. Strecken und dehnen Sie sich wie ein Katze nach dem Mittagsschlaf, und gähnen Sie dabei ausgiebig.
7. Nun verwandelt sich die Katze in ein dynamisches Raubtier. Sprechen oder denken Sie die Affirmation: »Ich bin voller Energie, konzentriert und gelassen!«

Entstressung, wenn's drauf ankommt

Sie haben einen wichtigen Termin vor sich, der Ihnen schon seit Wochen Sorgen macht. Oder Sie stehen vor einem sportlichen Wettkampf, bei dem es darum geht, dass Sie in die nächste Runde kommen. Oder Sie brauchen dringend neue Energien und wissen nicht, wie Sie ganz schnell fit werden können. In solchen Fällen vermindern Sie Ihren Stress durch den bewussten Wechsel zwischen An- und Entspannung, der Ihnen gleichzeitig einen Vitalitätsschub gibt: Führen Sie den nachfolgend beschriebenen Übungsablauf im Sitzen aus.

Ballen Sie Ihre Hände zu Fäusten, und halten Sie die Spannung sieben Sekunden. Dann lassen Sie langsam los und entspannen die Hände vollständig, wobei Sie alle Finger einzeln bewegen.

Beugen Sie die Arme, und halten Sie die Spannung in ihren Innenseiten sieben Sekunden. Dann lassen Sie los und konzentrieren sich auf den Übergang von der An- zur Entspannung.

Strecken Sie die Arme, und halten Sie die Spannung in ihren Rückseiten sieben Sekunden. Nun lassen Sie los und spüren die Entspannung.

Ziehen Sie die Augenbrauen hoch, und legen Sie Ihre Stirn in waagerechte Falten. Halten Sie die Spannung sieben Sekunden, dann entspannen Sie die Stirn wieder.

Nun ziehen Sie die Augenbrauen zusammen und legen Ihre Stirn in senkrechte Falten. Halten Sie die Spannung im Gesicht sieben Sekunden, bevor Sie wieder loslassen.

Verziehen Sie Ihre Stirn so, dass gleichzeitig waagerechte und senkrechte Falten entstehen. Halten Sie die Spannung sieben Sekunden, und lockern Sie Ihre Gesichtsmuskeln wieder.

Kneifen Sie die Augen zusammen, und ziehen Sie dabei die Mundwinkel bis zu den Ohren. Die Zähne liegen locker aufeinander, die Lippen sind leicht geöffnet. Halten Sie die Anspannung sieben Sekunden, dann lassen Sie wieder los.

Heben Sie Ihr rechtes Bein an, so dass es ungefähr 30 Zentimeter vom Boden entfernt ist. Bleiben Sie sieben Sekunden in dieser Position. Dann wechseln Sie und heben das linke Bein 30 Zentimeter hoch. Nach sieben Sekunden heben Sie zusätzlich das rechte Bein an und halten nun beide Beine weitere sieben Sekunden hoch. Schließlich setzen Sie sie ab und genießen die Entspannung, die sich in Ihnen breit macht.

Beenden Sie die Übung, indem Sie mehrmals kräftig ein- und ausatmen und sich dabei gründlich strecken und dehnen.

Die Magie der Sinne

Während der ganzen Übung sehen Sie mit geschlossenen Augen auf eine imaginäre Leinwand. Vielleicht lassen Sie sich diese Übung vorlesen, oder Sie sprechen die Anweisungen auf eine Kassette. Die Atmung ist ruhig und fließend. Lenken Sie Ihre Aufmerksamkeit auf das linke Auge und projizieren damit einen Film oder ein Dia auf die Leinwand. Was sehen Sie?

Stufe l. Vielleicht sehen Sie Ihren Urlaubsort oder einen Ihnen nahestehenden Menschen, ein Stück Kuchen oder eine Blume. Richten Sie nun Ihre Aufmerksamkeit auf das rechte Auge. Was sehen Sie hier auf der inneren Leinwand?

Das linke Auge projiziert nun das Bild eines fließenden Stroms, auf dem Sie sicher und ruhig auf einem Floß dahintreiben. Die Sonne ist angenehm warm. Ihr Atem fließt gleichmäßig, Sie riechen die frische Luft, fühlen das erfrischende Wasser und beißen in eine exotische Frucht.

Mit dem rechten Auge sehen Sie einen Film, in dem Sie sich zwei bis drei Minuten im Spiegel anlächeln. Der Spiegel befindet sich allerdings unter Ihrem Schreibtisch, da Sie diese Übung heimlich machen wollen. Ihr Vorgesetzter, der sonst so strenge Chef, oder Ihr Lehrer läuft mit einem Strauß Gänseblümchen vorbei und bietet Ihnen ein Glas Lebertran an, während der Kollege oder Mitschüler am Nachbartisch »La Paloma« singt und den Computer bearbeitet.

Mit dem linken Auge sehen Sie nun, wie sich die ganze Firmenbelegschaft oder Schulklasse mit Überkreuz-Spaziergängen auf einer Wiese bewegt. Die Vorgesetzten und Rektoren allerdings – wie fast immer hektisch – springen als Grashüpfer herum und lachen, da sie sich ständig mit übertriebenen Lobeshymnen gegenseitig auf den Arm nehmen.

Stufe 2. Das rechte Auge zeigt Ihren Lieblingsfilm. Welcher ist das? Wie fühlen Sie sich in der Hauptrolle? Sie beobachten, wie ein lang gehegter Wunsch in Erfüllung geht. Vielleicht haben Sie Ihre Idealfigur erreicht oder im Sport hervorragende Leistungen vollbracht. Sie fühlen und bewegen sich elegant und geschmeidig, Ihr Gesichtsausdruck ist optimistisch, gewinnend, Ihre Ausstrahlung herzlich. Ihre Arbeit macht Ihnen genauso viel Freude wie Ihr Lieblingsessen, das Sie jetzt sogar riechen können. Ihre Lieblingsmelodie erklingt – kurzum, es geht Ihnen gut.

Das linke Auge spielt Ihnen vor, wie dieses Ziel erreicht wurde: Sie sehen sich zu, wie Sie »Inner Wellness«-Übungen ausführen und sich durch An- und Entspannungsmethoden fit machen. Sie fühlen sich offensichtlich wohl. Zur Stressverminderung genehmigen Sie sich 90 Sekunden Pause, in denen Sie entspannt ein paar Atemübungen ausführen.

Stufe 3. Auf dieser Ebene sind nun alle bisher vorgestellten Übungen als reine Visualisierungsübungen anwendbar.

Versuchen Sie dabei, sich aus verschiedenen Blickwinkeln zu sehen. Wenn Sie zum Beispiel vor Ihrem geistigen Auge den Überkreuz-Spaziergang üben, sehen Sie, wie Ihr linkes Knie und Ihr rechter Arm in der Mitte Ihres Blickfeldes auftauchen. Sie können diese Übung aber auch so visualisieren, dass Sie sich gleichsam von außen – wie ein Beobachter – sehen.

Und denken Sie daran: Der Körper hat Grenzen, der Geist aber ist unbegrenzt. Wenn Ihnen die Ausführung einer Übung Schwierigkeiten bereitet – Sie vielleicht die Balance verlieren –, können Sie das korrigieren, indem Sie visualisieren, wie Ihnen die Übung perfekt gelingt. Das wirkt sich positiv auf Ihr körperliches Gleichgewicht aus.

Zum Abschluss dieses bewegten Fantasieausflugs reiben Sie sich einige Augenblicke lang die Augen und atmen kräftig ein und aus. Wachen oder träumen Sie, oder geschieht womöglich beides gleichzeitig?

Power Wellness III: Muskelaufbautraining für den Oberkörper

Nun wieder ein Einschub zur körperlichen Fitness, und zwar für erste Fortgeschrittene, Ehrgeizige und alle, die Spaß am eigenen Körper haben. Natürlich können auch die in diesem Kapitel aufgeführten Übungen von jedem durchgeführt werden. Doch sollten Sie wissen, dass Sie nur dann das angestrebte Ziel – den Aufbau Ihrer Oberkörpermuskulatur – erreichen, wenn Sie die Übungen nicht lässig, sondern kraftvoll und dynamisch angehen.

Jede der im Folgenden beschriebenen Übungen sollte sieben- bis achtmal durchgeführt werden. Sie können sie überall machen und brauchen keine Geräte dazu – außer zwei beliebigen Gegenständen, die Sie als Gewicht in Ihren Händen halten. Das können Äpfel sein (sie eignen sich hervorragend als Belohnung nach dem Training!) oder Bücher, Bälle, Tassen …

Übrigens, wenn Sie gleichzeitig lächeln, tun Sie nicht nur etwas für Ihren Körper, sondern auch für die Seele.

Warming-up II

Heben Sie die Arme, und pressen Sie die Handflächen in Augenhöhe fest gegeneinander.

Halten Sie die Spannung sieben Sekunden, dann lassen Sie wieder los.

Diese Aufwärmübung ist gleichzeitig eine ausgezeichnete Gelegenheit, den Busen zu straffen.

Unterarmpumpe

Sie stehen locker mit leicht gespreizten Beinen und atmen mehrmals tief durch.

Nun spannen Sie Ihre Arm- und Brustmuskeln an und »pumpen« die Unterarme langsam und konzentriert hoch. Die Handflächen sind nach oben gerichtet.

Wenn die Arme in einem Winkel von 90 Grad gebeugt sind, bewegen Sie die Unterarme langsam und mit der gleichen Kraftanstrengung wieder zurück.

Strecken Sie sie unten nicht durch, sondern halten Sie die Spannung und wiederholen die Übung.

Bizepstraining

Sie stehen aufrecht und entspannt und atmen mehrmals tief ein und aus.

Breiten Sie die Arme seitlich aus, ohne sie völlig zu strecken.

Heben Sie die Arme mit Kraftanstrengung bis über Ihren Kopf, und senken Sie sie anschließend mit der gleichen Muskelanspannung.

Merken Sie, wie anstrengend diese einfache Bewegung sein kann?

Butterfly

Aus dem Stand breiten Sie die Arme seitlich aus. Sie winkeln sie in den Ellbogen und nähern die Hände vor dem Gesicht einander an. Dann bewegen sich die Arme wieder zur Seite.

Wenn Sie eine starke Spannung vor allem in Brust und Rücken spüren, machen Sie die Übung richtig.

Flaschenzug

Sie führen Ihre Unterarme vor dem Körper zusammen – Hände gegeneinander – und heben die geschlossenen Arme langsam hoch.

Wenn es oben nicht mehr weiter geht, lassen Sie die Arme ebenso langsam wieder nach unten.

Wiederholen Sie diese »Ups and Downs« sieben- bis achtmal, ohne den Bewegungsfluss zu unterbrechen.

Motorradfahrer

Beugen Sie sich aus dem Stand leicht vor. Sie halten die Arme gestreckt schräg nach unten, so als ob Sie auf einem Motorrad säßen und sich auf den Lenker stützten.

Während der Oberkörper leicht vorgeneigt bleibt, bewegen Sie die Arme langsam hinauf bis über den Kopf. Spüren Sie die Dehnung zwischen den Schulterblättern.

Dann senken Sie die Arme wieder auf den Lenker.

Schütteln Sie auch ruhig Ihre Beine und Füße aus. Auch sie sind während des Oberkörpertrainings beansprucht worden.

Wandliegestütz

Stellen Sie sich im Schrittabstand vor eine Wand, und stützen Sie sich in Schulterhöhe mit gestreckten Armen dagegen.

Winkeln Sie nun die Arme in den Ellbogen, und nähern Sie sich mit dem Gesicht der Wand, so als machten Sie einen Liegestütz im Stehen. Der Oberkörper bleibt ganz gerade und gestreckt.

Wiederholen Sie diesen Wandliegestütz mehrmals.

Arme lockern

Zum Schluss lockern Sie die Arme gründlich, indem Sie
- sie schwingen,
- die Fäuste ballen und sich dabei vorstellen, dass Sie in ihnen eine Kartoffel zerdrücken,
- die Hände dann langsam öffnen und kräftig ausschütteln.

3
Stille Wellness

Schnecke besteigt den Fuji
– aber ganz langsam.

Japanisches Haiku

In diesem Kapitel mache ich Sie mit einigen Visualisierungsübungen und Meditationen vertraut, die mehr Zeit als 90 Sekunden in Anspruch nehmen. Regelmäßig durchgeführt, haben sie eine tief gehende Wirkung auf den ganzen Menschen, entspannen Körper, Geist und Seele nachhaltig und führen zu Gelassenheit und Heiterkeit und so manch positiver Verhaltensänderung.

Am besten legen Sie eine bestimmte Tageszeit fest, zu der Sie sich für Ihre Kurzmeditation zurückziehen. Zehn Minuten reichen schon, vorausgesetzt, Sie machen sie regelmäßig. Zwanzig Minuten wären optimal. Suchen Sie sich die für Sie günstigste Zeit aus. Vielleicht meditieren Sie gern gleich nach dem Aufstehen am Morgen, was eine wunderbare Grundlage für Ihren Tag legt. Oder Sie genießen die tiefe Entspannung, die Visualisierung und Meditation mit sich bringen, abends vor dem Einschlafen.

Bleiben Sie bei den folgenden Übungen ganz locker. Versuchen Sie nicht, eine Vision zu erzwingen oder eine Visualisierung aufrechtzuerhalten. Nehmen Sie die geführten Meditationen spielerisch an, und lassen Sie sich auf sie ein, ohne irgendwelche Erwartungen.

Als Klanghintergrund können Sie Entspannungsmusik

auflegen. Falls Sie allein sind, sprechen Sie den Text vorher auf eine Kassette. Wenn Sie einen Partner haben, lassen Sie sich die Übungen langsam und deutlich vorlesen. Machen Sie nach jedem Abschnitt eine kurze Pause.

Entspannung verankern und Ziele visualisieren

Tiefenentspannung durch progressive Muskelrelaxation
Sie liegen flach und entspannt auf dem Rücken und lassen Ihren Atem ruhig ein- und ausströmen.

Konzentrieren Sie Ihre Aufmerksamkeit auf die Füße, zuerst den rechten, dann den linken. Strecken Sie die Ferse weg, so dass eine Spannung entsteht. Halten Sie diese fünf bis sieben Sekunden lang, dann entspannen Sie den Fuß. Nun wenden Sie sich der Wade zu: Wieder spannen Sie die Muskeln dort an, halten die Spannung fünf bis sieben Sekunden lang und lassen dann los. Von der Wade wandern Sie aufwärts zum Oberschenkel, dann wiederholen Sie An- und Entspannung der Muskeln des linken Beines.

Nach den Beinmuskeln kommen die Gesäßmuskeln, die Rücken-, Bauch-, Brust-, Arm- und Halsmuskeln dran. Schließlich beißen Sie fest zu und entspannen nach einigen Sekunden die Kaumuskeln. Kneifen Sie die Augen zusammen, und lassen Sie auch die Gesichtsmuskeln anschließend wieder los.

Sie können die Entspannung noch intensivieren, wenn Sie sich jeweils vorstellen, dass Ihr Atem die Spannung mit- und aus dem Körper herausnimmt.

Mit dieser Tiefenentspannungsübung können Sie sehr wirkungsvoll Verkrampfungen lösen und zur Ruhe kommen.

Lassen Sie sich anfangs mit ihr Zeit. Sehen Sie nicht auf die Uhr, sonst geraten Sie unter Druck, und der ist im Zusammenhang mit Entspannung nun wirklich kontraproduktiv.

Wenn Sie diese Übung regelmäßig machen, reichen schließlich einige Impulse zur Entspannung verkrampfter Muskeln, so dass Sie für die Phase der Muskelrelaxation schließlich nur noch einige wenige Sekunden brauchen.

Da die folgenden Visualisierungs- und Meditations-Übungen Sie sehr persönlich ansprechen sollen und von Ihnen selbst, einem Freund oder Seminarleiter vorgelesen werden, habe ich hier als Anrede das intime »Du« gewählt.

Positive Zielvisualisierung

Welches persönliche Ziel möchtest du erreichen?

Schließe die Augen, und stelle dir dein persönliches Ziel vor. Dabei kann es sich um private, berufliche, schulische oder sportliche Dinge oder auch um geistige Erkenntnisse handeln.

Male das Bild möglichst plastisch aus, bewege dich darin. Sieh dich um, rieche und höre. Schmeckst oder fühlst du etwas?

Bring Farbe ins Bild, mach es heller oder dunkler. Wenn du möchtest, rahme es ein oder projiziere es auf eine riesige Leinwand.

Atme ruhig und gelassen weiter.

Es fällt dir leicht, dein Ziel immer klarer zu visualisieren und mit positiven Gedanken zu verstärken.

Wie fühlst du dich?

Spürst du Freude und ruhige Gelassenheit bei der Realisierung deines Zieles? Bist du voller Vertrauen und Zuversicht?

Stelle dir vor, dass dein Ziel bereits Wirklichkeit geworden ist. Atme ruhig ein und aus.

Visualisiere weiterhin dein Ziel. Wenn du dich gut fühlst und tief entspannt bist, dann berühren sich Daumen, Zeige- und Mittelfinger der linken Hand sanft an den Fingerspitzen. Dein Wunschbild, deine Entspannung und der Fingerdruck ermöglichen die Verankerung deiner Visualisierung im Unterbewusstsein.

Wenn du möchtest, visualisiere einen Termin, an dem dein Ziel erreicht sein sollte. Frage dich, ob dein Ziel wirklichkeitsnah ist. Warum möchtest du es erreichen? Geht es auf Kosten anderer?

Baue realistische Zwischenschritte und Etappen zur Verwirklichung deines Zieles ein. Bedanke dich bei den Kräften deines Unterbewusstseins, und habe Vertrauen, dass alles so geschehen wird, wie du es dir wünschst.

Meditationen

Meditation zur Kurzzeitentspannung

Du liegst bequem auf einer Unterlage. Nichts ist wichtiger, als dich zu entspannen. Arbeit, Beziehungen, Studienstress oder Geldprobleme beginnen langsam sich aufzulösen …

Lass jetzt die Außenwelt ruhig los und konzentriere dich auf deine Mitte. Richte deine ganze Aufmerksamkeit auf einen einzigen Punkt unterhalb des Bauchnabels.

Beobachte deinen Atem, wie er ganz von selbst dort ein- und ausströmt, ohne dass du dich darum bemühen musst.

Lass dir viel Zeit zum Beobachten. Du brauchst jetzt nichts zu erreichen. Nichts drängt dich.

Spüre, wie »es dich atmet«.

Du kannst dich jetzt vertrauensvoll deiner inneren Führung übergeben, die immer für dich sorgt – so sicher, wie »es dich atmet«.

Nimm jetzt alles an, was geschieht. Äußere Einflüsse kann man nicht immer abstellen! Akzeptiere sie. Sage bewusst ja zu allem. Sei jetzt nur Beobachter. Alles, wogegen du dich wehrst, verstärkst du nur und ziehst es hinein in deine Welt, wo es bleibt und wirkt. Deshalb lasse jetzt alles los! Schau es dir an, und lass los!

So kommst du mehr und mehr in deine innere Stille, in den endlosen Raum deiner inneren Welt!

Lichtmeditation

Du liegst ruhig und entspannt auf einer festen Unterlage. Wenn du möchtest, kannst du deine Hände auf den Bauch legen. Atme tief aus, und stelle dir vor, dass mit der Einatmung helles Licht in deinen Körper strömt. Die strahlende Lichtenergie fließt durch den Kopf in die Schultern, von dort in den Bauch hinunter, durch die Beine bis in die Fußspitzen. Du fühlst dich wohl und leicht! Du atmest dieses Licht in der umgekehrten Reihenfolge wieder aus. Wieder atmest du ein, und erneut strömt Licht in deinen Körper, durchflutet dich und löst mögliche Verkrampfungen. Mit der Ausatmung schickst du diese nach außen.

Du befindest dich in einem Lichtermeer und inmitten deiner Bilder. Aus deinem rechten Auge strömt Licht hervor und fließt in dein linkes Auge. Der Lichtstrom umkreist deine linke Gehirnhälfte, flutet in die rechte Gehirnhälfte und tritt aus dem rechten Auge wieder aus. Von dort fließt er in einem Bogen wieder in das linke Auge, in die linke Gehirnhälfte und dann in die rechte. Laß den Lichtstrom fließen. Der Lichtbogen vergrößert sich, erfasst das Zentrum deines Gehirns, von wo aus sich die tanzende Lichtenergie wie ein Feuerwerk im ganzen Kopf ausbreitet.

Lenke nun deine Konzentration durch leichtes Schielen sanft auf das »dritte Auge«, den Bereich zwischen den Augen, etwas oberhalb der Nasenwurzel. Ein kraftvoll gebündelter Lichtstrahl richtet sich auf diese Stelle. Er »atmet dich«, verschmilzt mit deiner Lichtenergie zu einem Energiewirbel, fließt durch den Kopf, die Wirbelsäule hinunter, durch alle Kraftzentren bis in die Gegend zwischen Anus und Geschlecht. Sammle dort deine Aufmerksamkeit, und lass sie dann durch die Wirbelsäule mit der Einatmung aufund mit der Ausatmung abwärts wandern. Spüre, wie dieser Wirbel dich mit Energie erfüllt, und entlass ihn schließlich aus deinem Körper ins Freie.

Du atmest Licht durch die Nase ein und durch den ganzen Körper aus. Du bist Licht, du pulsierst und strahlst. Du bist voller Kraft. Überlass dich deinem Atem. Du bist von dieser Lichtdusche umhüllt, stehst unter einem Wasserfall von Energie. Jetzt streckst und dehnst du dich vorsichtig. Du fühlst dich stark, leicht und zuversichtlich. Mach dich ganz groß, sei voller Kraft. Atme sanft, fast zärtlich. Öffne langsam die Augen, reibe sie und gähne. Richte dich langsam auf und sei einfach da. Willkommen in der Gegenwart!

»O-Naami« – Leben ohne Stress

Versuche nicht etwas zu werden,
sei einfach.
Wenn du immer versuchst,
etwas zu werden,
wirst du nie das sein,
was du sein willst.
So lebt kein weiser Mensch.

Toyup
(Alter Weiser aus Java)

Suchen Sie sich eine bequeme Position: Entweder sitzen Sie aufrecht und entspannt auf einem Stuhl, im Schneidersitz auf dem Boden, oder Sie legen sich auf den Rücken. Meditieren Sie über das O-Naami-Zitat; lassen Sie es in sich nachschwingen.

Weg zur inneren Gelassenheit

Suchen Sie sich eine bequeme Haltung für diese Entspannungsübung. Sie können sich auf den Rücken legen oder hinsetzen.

Machen Sie zuerst eine Gesichtsgymnastik, bei der Sie nacheinander alle Muskeln an- und entspannen (siehe Seite 57). Besondere Aufmerksamkeit schenken Sie Ihrem Kiefer. Bewegen Sie die Kiefermuskeln locker und sanft hin und her, als würden Sie ein großes Kaugummi kauen. Ist der Kiefer locker »gekaut«, lassen Sie ihn leicht geöffnet hängen. Die Zunge berührt sanft den Gaumen.

Sprechen oder denken Sie jeweils dreimal hintereinander folgende Sätze:

Ruhe und Gelassenheit

- »Mein Körper ist ruhig und entspannt.«
- »Meine Atmung ist ruhig und entspannt.«
- »Mein Geist ist ruhig und entspannt.«

Anschließend gönnen Sie sich viel Zeit, um die aufsteigende wohltuende Ruhe und Gelassenheit zu genießen.

Power Wellness IV: Bodystyling-Gymnastik für Bauch, Beine und Po

Mit den folgenden Übungen bringen Sie sich gründlich in Form, innerlich wie äußerlich: Sie stärken und straffen Bauch, Beine und Po, auf dass Sie nicht nur fit sind, sondern auch schlank und sich wohl fühlen.

Die Übungen sind aufeinander abgestimmt, beginnen mit einer sanften Aufwärmphase und steigern sich allmählich. Grundsätzlich gilt, dass Sie anfangs behutsam üben und Ihre Anstrengung entsprechend Ihrer zunehmenden Kondition intensivieren.

Standheben

Zur Formung der Pomuskeln

Sie stehen aufrecht, die Hände auf den Hüften.

Heben Sie ein Bein nach hinten an, und strecken Sie dabei den Fuß.

Senken Sie es wieder ab, ohne zu entspannen.

Wiederholen Sie die Bewegung zehnmal, dann wechseln Sie das Standbein.

Achtung: Vermeiden Sie unbedingt ein Hohlkreuz.

Beinheben

Zur Stärkung der seitlichen Bauch- und Beinmuskeln

Legen Sie sich auf einer festen Unterlage auf die Seite. Der untere Arm liegt kopfwärts ausgestreckt auf dem Boden, mit dem anderen Arm stützen Sie sich vor dem Körper ab.

Heben Sie das obere Bein gestreckt an, und senken Sie es anschließend langsam.

Wiederholen Sie die Bewegung zehnmal, dann drehen Sie sich auf die andere Seite.

Kniebeuge in der Grätsche

Für Po und Oberschenkel

Sie stehen mit weit gegrätschten Beinen und drehen die Füße nach außen. Die Knie befinden sich über den Fußgelenken.

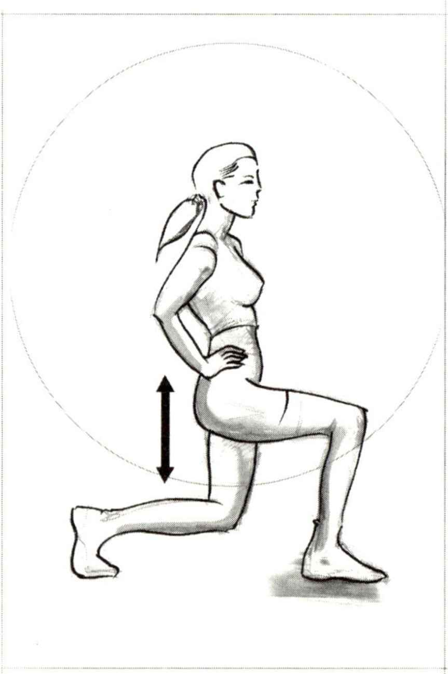

Eine etwas andere Gangart – der Ausfallschritt

Beugen Sie die Beine, so dass sich an den Kniegelenken ein Winkel von 90 Grad ergibt. Dann richten Sie sich wieder auf.

Falls Sie bereits geübt sind, bleiben Sie in der unteren Position, bis es zwickt.

Ausfallschritt

Zur Stärkung von Po und Beinen

Abbildung links

Machen Sie einen großen Schritt vorwärts, und beugen Sie das vordere Bein, bis ein rechter Winkel im Kniegelenk entsteht.

Richten Sie sich nun langsam auf, ohne den Fußabstand dabei zu verändern.

Dann machen Sie mit dem anderen Bein einen großen Schritt nach vorn und wiederholen die Übung.

Laufen Sie auf diese Weise einmal durch ein (großes) Zimmer.

4
Wellness für Partner und in der Gruppe

Man kann durch Übung lernen, sich wie ein anderer zu verhalten. Aber nur du selbst weißt, wie du wirklich bist.

Yhantishor

Im Folgenden stelle ich Ihnen heitere, fantasie- und vertrauensfördernde Kommunikationsspiele für Partneraktivitäten vor. Die Zeitdauer pro Spiel sollte etwa 90 Sekunden betragen, kann aber auch länger sein.

Wellness für Partner

Das Spiegelbild

Zwei Partner stehen sich gegenüber. Der eine ist das Spiegelbild des anderen und macht alle seine Bewegungen nach. Nach 90 Sekunden Rollenwechsel. Aus dem gemeinsamen Austausch, dem nonverbalen Sich-aufeinander-Einlassen, entstehen Bewegung und Kommunikation auf einer neuen Ebene.

Das Wetterspiel

Ein Spiel für zwei Personen, die sich näher kennen oder kennen lernen möchten. Ein Partner liegt auf dem Bauch, der andere kniet neben ihm. Der aktive Partner spricht von wechselhaftem Wetter und untermalt seine Darstellung gleichzeitig durch Berührungen. Zum Beispiel so:

»Es ist schönes Wetter. Die Sonne wärmt dir den Rücken.« Mit den Händen Rücken und Kopf sanft berühren.

»Es kommt ein leichter Wind auf.« Mit den flachen Händen über Kopf und Rücken streicheln.

»Der Wind wird stärker und treibt Gewitterwolken heran.« Die gleiche Berührung verstärken.

»Es beginnt zu donnern ...« Sanft auf Kopf und Rücken klopfen.

»... und zu blitzen.« Sehr schnelle Streichelbewegungen in alle Richtungen ausführen.

»Es fängt an zu regnen.« Mit den Fingerspitzen auf den Rücken klopfen.

»Der Wind vertreibt die Wolken wieder.« Mit flachen Händen streicheln.

»Es regnet nur noch ein paar Tropfen.« Mit einzelnen Fingern klopfen.

»Der Wind wird sanfter.« Leicht streicheln.

»Die Sonne kommt wieder hervor und wärmt dich.« Die Hände halten Kopf und Rücken.

Bleiben Sie eine Weile entspannt liegen, und wechseln Sie dann die Rollen.

Rücken an Rücken

Zwei etwa gleich große Partner stehen Rücken an Rücken und gehen gemeinsam in die Hocke, wenn möglich, bis das Gesäß den Boden berührt. Nur mit Hilfe des Drucks auf den Rücken des anderen und ohne Unterstützung durch die Arme stehen Sie zusammen wieder auf.

Wiederholen Sie dieses Spiel mehrmals, ohne sich zu überanstrengen.

Kleeblatt

Vier Partner stehen Rücken an Rücken wie ein Kleeblatt und gehen gleichzeitig mehrmals bis auf den Boden herunter und wieder hoch. Auch dieses Spiel sollte ohne Unterstützung durch die Arme ausgeführt werden.

Aurafriseur

Sie stehen vor Ihrem Partner, der die Augen geschlossen hat, und streichen etwa fünf Zentimeter von seinem Körper entfernt an ihm entlang. Dabei bewegen Sie sich von oben nach unten. Stellen Sie sich vor, wie die Lichtenergie in Ihren Händen sanft seine Aura – das elektromagnetische Feld, das unseren Körper umgibt – reinigt. Besonders intensiv beschäftigen Sie sich am Ende mit der Aura um seinen Kopf. Sie sind nun ein Aurafriseur, shampoonieren, trocknen und kämmen die Haare vorsichtig. Vielleicht schließen Sie noch eine wohltuende Aura-Kopfmassage an, bevor Sie dann die Rollen tauschen.

Vertrauen entwickeln

Zwei Partner gehen eingehakt nebeneinander. Der eine hat die Augen geschlossen, der andere führt.

Variation: Die Person mit den geschlossenen Augen wird von dem hinter ihr gehenden Partner durch Berührung der linken Schulter (nach links gehen) oder der rechten Schulter (nach rechts gehen) geführt.

Sind mehrere Paare anwesend, gehen alle kreuz und quer durch den Raum, ohne sich gegenseitig zu berühren.

Das Wellness-Spiel

Ein Kommunikationsspiel für Herz und Verstand

Die Übungen des folgenden Wellness-Spiels können eine oder mehrere Minuten dauern und allein, mit Partner oder in einer Gruppe gespielt werden. Sie benötigen lediglich einen Würfel.

1. Die Übungen sind von 1 bis 21 nummeriert.
2. Die ersten beiden Übungen dienen dem gegenseitigen Kennenlernen.
3. Die Teilnehmer sitzen im Kreis. Der Jüngste beginnt. Es wird dreimal gewürfelt und die gewürfelten Zahlen werden zusammengezählt, zum Beispiel 5 + 3 + 4 = 12. Übung Nummer 12 ist also von ihm oder der Gruppe auszuführen, Freiwillige dürfen immer mitspielen.
4. War die zwölfte Übung schon dran, so zieht man die Quersumme, in diesem Fall 1 + 2 = 3. War die dritte Übung ebenfalls schon dran, geht der Würfel automatisch an den linken Mitspieler weiter.
5. Das Spiel wird gespielt, solange es Spaß macht oder bis alle Übungen einmal an der Reihe waren.
6. Eigene Regeln oder Regelveränderungen sind erwünscht.

Anmerkung: Man benötigt bei dreimaligem Würfeln mindestens eine Sechs, um auch die »höheren Übungen« ausführen zu können. Würfelt man eine Sechs, darf man nochmals würfeln und alle Augen zusammenzählen. Ist die Gesamtsumme höher als 21, verfällt der Wurf.

Und hier die 21 Übungen:

I. Energiedusche

Sie wählen einen Partner, der sich hinter Sie stellt und Ihnen ganz leicht mit seinen Händen vom Scheitel des Kopfes über den Rücken und die Beine bis zum Boden streicht. Er schüttelt dann seine Hände aus und beginnt wieder am Kopf, von wo aus er diesmal seitlich über die Schultern, Arme und Beine bis zum Boden streicht.

Spüren Sie, wie Ihre Energie im Körper erneuert wird und Sie sich leicht und wohl fühlen.

2. Schwerelos

Stellen Sie sich vor, es gäbe keine Schwerkraft. Bewegen Sie sich eine Minute lang wie schwerelos durch das Zimmer. Alle können mitmachen.

3. Katzenspiel

Stellen Sie sich vor, Sie wären eine Katze. Auf allen vieren strecken und dehnen Sie sich, machen einen runden Rücken und drücken ihn ins Hohlkreuz. Wiederholen Sie Katzenbuckel und Hohlkreuz mehrmals und mit größtmöglicher katzenhafter Geschmeidigkeit.

4. Atemreise

Nehmen Sie Ihre Mitspieler an der Hand, und bilden Sie mit ihnen einen Kreis. Atmen Sie laut in verschiedenen Rhythmen. Die Mitspieler sollen sich Ihrem Atemrhythmus anpassen. Bleiben Sie danach eine Weile still stehen und spüren Sie dabei, wie Ihre Energien zusammenfließen.

5. Lautloses Theater

Auch in Ihnen schlummert ein Pantomime. Stellen Sie einen alltäglichen Vorgang oder eine kleine Geschichte dar, ohne dabei Geräusche zu machen. Ihre Mitspieler versuchen zu erraten, was Sie ihnen mitteilen.

6. Schüttelwahrnehmung

Schütteln Sie Ihren Körper eine Minute lang so kräftig wie möglich. Sie bleiben dabei mit gespreizten Beinen fest auf dem Boden stehen. Spüren Sie, wie die Energie im Körper in Bewegung gerät.

7. Nasenwahrnehmung

Schließen Sie die Augen. Ein duftender Gegenstand wird Ihnen kurz unter die Nase gehalten und dann in einem Umkreis von etwa einem halben Meter versteckt. Versuchen Sie ihn über den Geruchssinn zu finden.

8. Mond und Sterne

Stellen Sie sich vor, Sie wären in der Lage, grenzenlos zu wachsen. Heben Sie die Hände über den Kopf, stellen Sie sich auf die Zehenspitzen, und versuchen Sie eine halbe Minute lang, die Sterne zu erreichen.

9. Wellness-Trainer

Führen Sie drei Ihrer beliebtesten Wellness-Übungen vor. Fordern Sie dann zwei Ihrer Mitspieler auf, drei der von ihnen favorisierten Übungen vorzuführen. Bewerten Sie diese Übungen auf einer Skala von 1–10.

10. Wirbelsturm

Ein kosmischer Wirbelsturm entsteht mitten im Zimmer. Stellen Sie sich hin, und lassen Sie sich einmal so richtig durcheinanderschleudern. Entledigen Sie sich aller negativen Seiten Ihres Wesens, wenn Sie – laut oder leise – ausatmen. Ihre Mitspieler können ebenso an der Übung teilnehmen.

11. Kräftemessen

Stellen Sie sich vor, Sie hätten gewaltige Kräfte und könnten die Erde auf Ihren Schultern tragen. Sie stehen in einem Abstand von 30 bis 50 Zentimetern vor einer Wand und versuchen sie mit ganzer Kraft zweimal wegzudrücken. Ihre Mitspieler feuern Sie dabei an.

12. Ist die Welt drinnen oder draußen?

Alle Teilnehmer sitzen schweigend da und hören den Vögeln oder den Geräuschen im Raum zu. Achten Sie gleichzeitig auf die Signale, die Ihnen Ihr Körper sendet. Spüren Sie Verspannungen, und wenn ja, wo befinden sie sich? Sind Sie glücklich?

Dieses Horchen nach innen und außen sollte mindestens zwei Minuten dauern. Danach darf jeder Spieler in einem Satz etwas über sich mitteilen.

13. Highlights

Erzählen Sie von einer besonders schönen Begebenheit aus Ihrem Leben. Sie können sie auch pantomimisch darstellen. Falls Sie sich an nichts erinnern können, lassen Sie Ihre Fantasie spielen. Wer sagt, dass Fantasien nicht auch wirklich sind?

14. Ruhig und entspannt

Wie atmen Sie? Konzentrieren Sie sich so lange auf Ihre Atmung, bis Sie das nächste Mal an der Reihe sind. Denken Sie dabei folgenden Satz: »Ich atme ruhig und entspannt.«

15. Das Stopp-Spiel

Alle Mitspieler tanzen. Irgendwann sagen Sie »stopp«. Sofort bleiben alle wie eingefroren auf der Stelle stehen. Würfeln Sie jetzt so schnell Sie können. Wenn Sie dreimal eine Sechs gewürfelt haben, dürfen sich die anderen wieder bewegen.

16. Pyramid-Power

Eine Übung für alle Spieler: Sie singen viermal den Vokal »Ooooo« und stellen sich dabei vor, wie Licht zuerst in den Kopf, dann in das Herz und schließlich in den Bauch fließt. Nun singen Sie viermal den Ton »Aaaaa« und bauen in Ihrer Vorstellung um sich herum jeweils eine Seite einer Pyramide auf, bis Sie schließlich von der Pyramide umgeben sind. Lassen Sie jetzt Licht in diese Pyramide fließen, bis sie damit angefüllt ist.

17. Vision

Erzählen Sie, welchen Traum Sie letzte Nacht hatten. Falls Sie sich nicht erinnern können, tragen Sie einfach einen Wunschtraum vor, den Sie sich erfüllen möchten. Es kann auch großen Spaß machen, ihn den anderen vorzuspielen.

18. Das Gesicht dahinter

Suchen Sie sich einen Partner und sehen ihm mindestens eine Minute lang in die Augen, ohne dabei zu blinzeln. Sie werden feststellen, dass seine Gesichtskonturen sich allmählich verwischen und in dem einen Gesicht plötzlich viele verschiedene Gesichter zu erkennen sind. Jedes hat seine eigene Bedeutung. Diese Übung führen alle Mitspieler gleichzeitig aus.

19. Mystische Tränen

Versuchen Sie einmal, eine Minute lang zu weinen. Es ist nicht notwendig, dass tatsächlich Tränen fließen. Versetzen Sie sich jedoch in einen traurigen Gefühlszustand und seufzen und schluchzen Sie, als ob Sie weinten.

20. Der Mensch im Tier

Sie verwandeln sich in ein wildes, gefährliches Tier, zum Beispiel in einen Panther. Sie dürfen sich ohne Gewissensbisse vollkommen entfesselt benehmen, allerdings niemanden verletzen.

Alle Mitspieler, die dazu Lust haben, dürfen ebenfalls ihr wildes Tier ausleben.

21. Elektrische Hände

Schließen Sie die Augen, und strecken Sie die Arme aus. Ihre Mitspieler legen nun nacheinander die Hände auf Ihre und lassen sie kurz darauf liegen. Erraten Sie, welche Hände zu wem gehören.

Power Wellness V: Kraft und Ausdauer durch Wellfit-Gymnastik

»Konditionsgymnastik« klingt für einige schauerlich und weckt üble Erinnerungen an einen verhassten Schulsport unter Aufsicht eines Gymnastiklehrers, dessen Trainingsehrgeiz entschieden sadistische Züge aufwies: Denken wir nur an kürbisgroße Lederbälle, die man kaum halten konnte, aber hundertmal aus der Bauchlage über den Kopf stemmen musste …

Ich will Sie hier nicht erschrecken, sondern im Gegenteil endlich von Ihrem Schulsporttrauma befreien: Man kann sich nämlich durchaus auch mit angenehmen, ja lustvollen Übungen in Form bringen und die eigene Kraft und Ausdauer stärken.

Mit den folgenden sieben Wellfit-Übungen stelle ich Ihnen ein Programm vor, mit dem Sie Ihre Kondition allmählich nachhaltig steigern können. Lediglich die letzten beiden haben es in sich und sollten nur von wirklich Trainierten ausgeübt werden. Sie dürften allerdings kein unüberwindliches Problem mehr für Sie darstellen, wenn Sie sich regelmäßig mit den ersten fünf Übungen fit gemacht haben.

Sie haben jetzt richtige Lust auf Power? Dann wünsche ich Ihnen viel Erfolg und Spaß mit den folgenden Übungen.

Jumping Jacks (Hampelmann)

Zur Anspannung des ganzen Körpers

Erinnern Sie sich daran, mit wieviel Spaß Sie als Kind Hampelmann spielten? Mit welcher Ausdauer Sie auf und nieder sprangen und dabei mal die Beine und Arme vom Körper abspreizten, mal die Beine zusammen und die Arme eng an den Körper schlugen.

Vergegenwärtigen Sie sich die kindliche Freude am Spiel und springen nun in gleicher Weise. Sie sind ein lustiger Hampelmann, der voller Übermut und Lebenslust und kaum zu bremsen ist.

Achten Sie darauf, die Spannung im Körper zu halten. Ihr Rücken ist gerade und gespannt. Beine und Arme sind durchgedrückt. Spreizen Sie die Beine auseinander, sollten die Fußspitzen nach außen zeigen. So vertiefen Sie die Spannung.

Beinwirbel

Zur Belebung des Kreislaufs und Kräftigung der gesamten Körpermuskulatur

Diese auch »Skippings« genannte Übung sieht harmlos aus, doch sie ist sehr wirkungsvoll.

Sie laufen auf der Stelle mit leicht nach vorn gebeugtem geraden Rücken, halten die Arme angewinkelt und ziehen im Wechsel und mit hohem Tempo die Knie an die Brust.

Die angewinkelten Arme werden angespannt und begleiten diese stampfenden Bewegungen, bei denen die Beine schnell gehoben und gesenkt werden.

Am besten führen Sie die Skippings im Freien oder in einem Erdgeschoss durch, denn sie verursachen einen ziemlichen Lärm und könnten Leuten in einem unteren Stockwerk gehörig auf die Nerven gehen.

Fersenjogging

Zur Steigerung von Körperkraft und Ausdauer

Was Joggen ist, weiß heutzutage jeder, denn mittlerweile halten sich auch hierzulande viele mit dem täglichen Laufen durch den Park fit. Das Fersenjogging ist eine verschärfte Form des Joggens:

Während Sie laufen, ziehen Sie die Ferse so weit wie möglich hinten an das Gesäß. Das mag komisch aussehen, lästig wirken und anstrengend sein. Aber ich versichere Ihnen, dass es sich lohnt, regelmäßiges Fersenjogging zu betreiben.

Achten Sie darauf, dass Sie die Füße ganz auf dem Boden abrollen. Die Arme sind gespannt und bleiben am Körper. Am besten berühren Sie bei jedem Schritt die an den Po hochgezogene Ferse. So können Sie kontrollieren, wie lange Ihre Kraft ausreicht, mit der Sie die Füße weit nach oben ziehen.

Große Ausfallschritte

Zur Kräftigung der Bein-, Bauch- und Rückenmuskulatur

Falls Sie Ski-Langlauf betreiben, kennen Sie den Bewegungsablauf dieser Übung bereits, da sie praktisch eine Vorstufe zur Langlauftechnik ist.

Spannen Sie Ihren ganzen Körper an, und machen Sie dann einen großen Ausfallschritt nach vorn.

Die Sohlen beider Füße bleiben stets vollkommen auf dem Boden (anstrengend!). Dann machen Sie den nächsten Ausfallschritt mit dem anderen Bein.

Die Arme werden gegengleich mitbewegt und halten die Spannung.

Liegestütz

Diese traditionelle Gymnastikübung ist Ihnen wahrscheinlich bekannt:

Sie legen sich bäuchlings hin, stützen sich mit den Händen in Brusthöhe auf dem Boden ab und drücken langsam den Oberkörper in die Höhe. Der Körper bleibt von den Schultern bis zu den Füßen gestreckt.

Dann senken Sie den Oberkörper wieder ebenso langsam. Halten Sie die Spannung, das heißt legen Sie den Körper nicht ab, bevor Sie ihn wieder nach oben drücken.

Wie oft schaffen Sie den Liegestütz? Zehnmal wäre sehr gut.

Grätsch-Crunches

nur für Fortgeschrittene

Abbildung rechts

Sie liegen auf dem Rücken; die Beine sind etwas gespreizt, die Arme neben dem Körper.

Ziehen Sie nun die Fußspitzen an und heben die Beine leicht angewinkelt vom Boden ab. Gleichzeitig richten Sie den Kopf auf und rollen den Oberkörper ganz langsam, Wirbel für Wirbel, hoch. Die Hände strecken Sie während dieser Muskeltrainingsübung mitten zwischen den gespreizten Beinen nach vorn.

Halten Sie möglichst einige Sekunden in halb sitzender Stellung inne, bevor Sie ebenso langsam wieder in Rückenlage abrollen.

Wiederholen Sie diese Übung, und steigern Sie im Laufe der Zeit die Anzahl der Crunches, die Sie nacheinander machen.

Achtung: Den Kopf sollten Sie zwischen den Übungen

nicht ablegen und auch sonstige Muskelentspannung vermeiden.

Beinpendeln zur Seite

nur für Fortgeschrittene

Sie liegen auf dem Rücken und strecken die Arme zur Seite, mit den Handflächen nach unten.

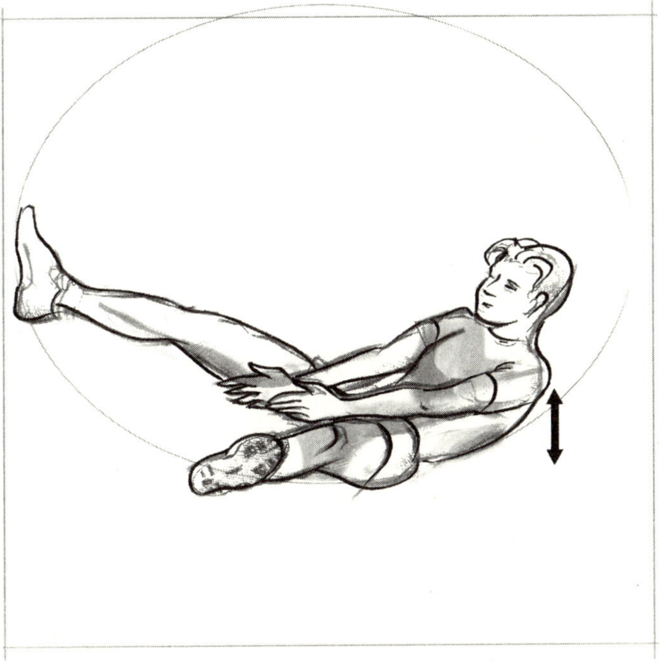

Grätsch-Crunches – eine Übung, die es in sich hat

Heben Sie nun die leicht gebeugten Beine an, so dass sie fast einen rechten Winkel zum Körper bilden, und senken Sie sie langsam erst zur einen, dann zur anderen Seite.

Während der Übung bleiben die Schultern immer auf dem Boden liegen. Die Füße sollten zwischen den Pendelbewegungen den Boden nicht berühren, weil dann die Anspannung verloren ginge.

Auch bei dieser Übung empfiehlt sich allmähliches Steigern.

5
Yoga Wellness

Wenn wir uns zu sehr auf die Hektik der Welt einlassen, verlieren wir die Verbindung zueinander – und zu uns selbst.

Jack Kornfield

»Im Raum der eigenen Stille«

Hier möchte ich Ihnen einige äußerst wirkungsvolle Übungen aus dem Yoga vorstellen, die im Gegensatz zu den äußeren Aktivierungs- und Vitalisierungsübungen mehr auf den Raum der eigenen Kraft, Stille und Gelassenheit zielen.

Beginnen und beenden Sie Yoga-Übungen mit der »Namaste«-Haltung, der Position des »stehenden Buddha«.

Namaste (Stehender Buddha)

Abbildung Seite 112

Sie stehen aufrecht und falten die Hände vor der Brust, ähnlich einer Gebetshaltung. Allerdings sind die Ellbogen hier an der Seite höher: Fast bilden Ober- und Unterarme einen rechten Winkel.

Sie atmen ein, spannen dabei leicht den Körper an und drücken gleichzeitig sanft die Handflächen gegeneinander. Halten Sie diese Position sieben Sekunden lang.

Nun atmen Sie aus und entspannen dabei Körper und Hände.

Bleiben Sie noch einige Augenblicke mit sanft sich vor der Brust berührenden Handflächen stehen und lassen den Atem fließen. Sie sind bereit für die folgenden Yoga-Übungen und freuen sich auf das bevorstehende Erleben von Ruhe, Gelassenheit und innerer Schönheit.

Baumhaltung

Abbildung rechts

Yoga-Übungen beeinflussen Körper und Geist gleichermaßen. So verhilft die Baumhaltung zu kräftigen Beinmuskeln

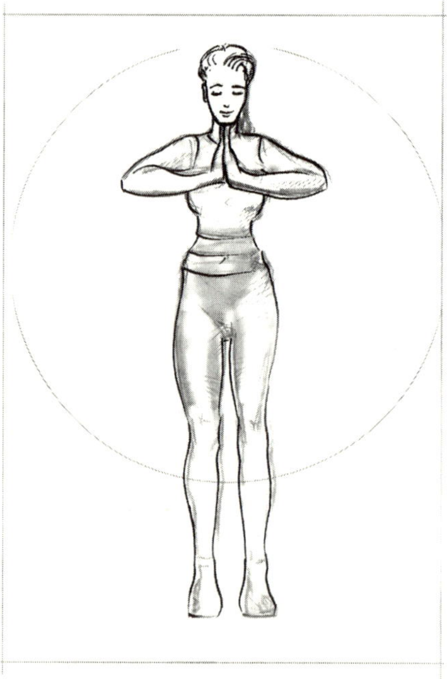

Die Namaste-Haltung

ebenso wie zur Stärkung des äußeren wie inneren Gleichgewichtes, zu einem gefestigten Willen und vermehrter Konzentrationsfähigkeit.

Aus dem Stand heben Sie das rechte Bein und setzen die Sohle des rechten Fußes an die Innenseite Ihres linken Oberschenkels, so dass das Knie zur Seite zeigt. Sie können dabei Ihre rechte Hand zu Hilfe nehmen.

Die Baumhaltung

Falten Sie nun die Hände vor der Brust, und heben Sie sie mit einer Ausatmung über den Kopf.

Bleiben Sie einige Sekunden so stehen, und atmen Sie dabei tief und entspannt.

Dann führen Sie – ebenfalls mit einer Ausatmung – Hände und Fuß wieder in die Ausgangsposition zurück.

Wiederholen Sie den Vorgang nun auf dem anderen Standbein.

Yoga-Rolle

Setzen Sie sich mit angezogenen Knien auf den Boden, legen Sie die Stirn an die Knie, und halten Sie sich mit den Händen an den Knien fest.

Nun rollen Sie, während Sie einatmen, behutsam nach hinten auf den Rücken. Mit leichtem Schwung rollen Sie mit einer Ausatmung wieder vorwärts.

Sie können so lange rhythmisch vor- und zurückrollen, wie es Ihnen gefällt.

Diese Übung stärkt die Bauchmuskulatur, regt die Verdauung an, entlastet Nacken und Wirbelsäule und wirkt allgemein entspannungsfördernd.

Diamantsitz

Der Diamantsitz ist eine sehr gute Haltung für Atem- und Meditationsübungen. Zudem stärkt er den Rücken, macht die Kniegelenke geschmeidig und entspannt müde Beine und Fußknöchel.

Sie sitzen auf den Fersen und haben die Knie geschlossen. Die Fußspitzen zeigen nach hinten.

Der Oberkörper ist aufrecht, Sie schließen die Augen und atmen ruhig und entspannt.

Anfangs ist diese Haltung etwas ungewohnt. Sie können sie sich erleichtern, indem Sie ein Kissen zwischen Fersen und Gesäß schieben.

Panther

Aus dem Diamantsitz nehmen Sie die Panther-Haltung ein: Während Sie ausatmen, beugen Sie Ihren Oberkörper und die ausgestreckten Arme nach vorn, bis Sie – wenn möglich – mit der Stirn den Boden berühren. Spüren Sie einige Sekunden lang, wie der Atem tief in Ihren Bauch fließt.

Mit einer Einatmung richten Sie sich langsam wieder auf.

Die Panther-Übung erfüllt verschiedene Aufgaben: Sie hilft bei Blähungen, regt den Kreislauf an, belebt den gesamten Organismus, dehnt die Rückenmuskulatur und sorgt für totale Entspannung.

Nach dem »Panther« gehen Sie langsam wieder in den Diamantsitz zurück, atmen mehrmals ruhig und tief und nehmen zum Schluss die Namaste-Haltung ein.

Die Übung des »Stehenden Buddha« eignet sich besonders gut als Abschluss der Yoga Wellness, da sie Sie gleichzeitig sanft in den Alltag zurückführt und vitalisiert: Stellen Sie sich also nochmals hin, legen Sie die Handflächen vor der Brust zusammen, drücken Sie sie sanft gegeneinander, während Sie mehrere Male tief, bewusst und kraftvoll aus- und einatmen.

Das Alltagsleben hat Sie nun wieder. Sie sind ruhig, ausgeglichen und erfrischt, voller Energie und neuer Kraft.

Ich wünsche Ihnen, dass dies so bleibt! Und falls Sie doch noch einmal unter Druck geraten, sich ausgelaugt oder gestresst fühlen, so wissen Sie jedenfalls, wie Sie innerhalb von 90 Sekunden wieder ins Lot kommen.

6
Ihr persönliches Wellness-Programm

Nachdem Sie sich mit den Übungen zur Stärkung von Körper und Geist bekannt gemacht haben, wissen Sie, welche Übungen Ihnen Freude machen und welche Ihnen besondere Kraft und Gelassenheit verleihen. Sie sind nun in der Lage, Ihrem Befinden und der äußeren Situation entsprechende Übungen auszuwählen, um innerhalb kürzester Zeit die größtmögliche Entspannung zu erreichen.

Das Repertoire, das Ihnen zur Verfügung steht, umfasst ein breites Spektrum an Übungen, von solchen, die sich vor allem zur Kräftigung bestimmter Muskeln eignen, über spielerische, die eigene Fantasie und Kreativität anregende Techniken bis hin zu Meditations- und Visualisierungsübungen zur Tiefenentspannung.

Bevor Sie Ihr eigenes Wellness-Programm erstellen, möchte ich Sie bitten, eine letzte Übung mit mir gemeinsam zu machen. Sie gibt Ihnen einen Überblick über alles, was Sie bisher gelernt und ausprobiert haben, und vergegenwärtigt Ihnen noch einmal, welche Übungen Sie besonders intensiv erlebten.

Einen Diamanten formen

Sie stehen mit leicht gespreizten Beinen ruhig und gelassen da und spüren Ihren tiefen Wurzeln nach, die von den Füßen aus in die Erde wachsen. Breiten Sie die Arme so aus, als ob Sie die ganze Welt umarmen wollten, und stellen Sie sich vor, wie Ihnen Ihre Lieblingsübungen aus diesem Buch in die geöffneten Arme fallen.

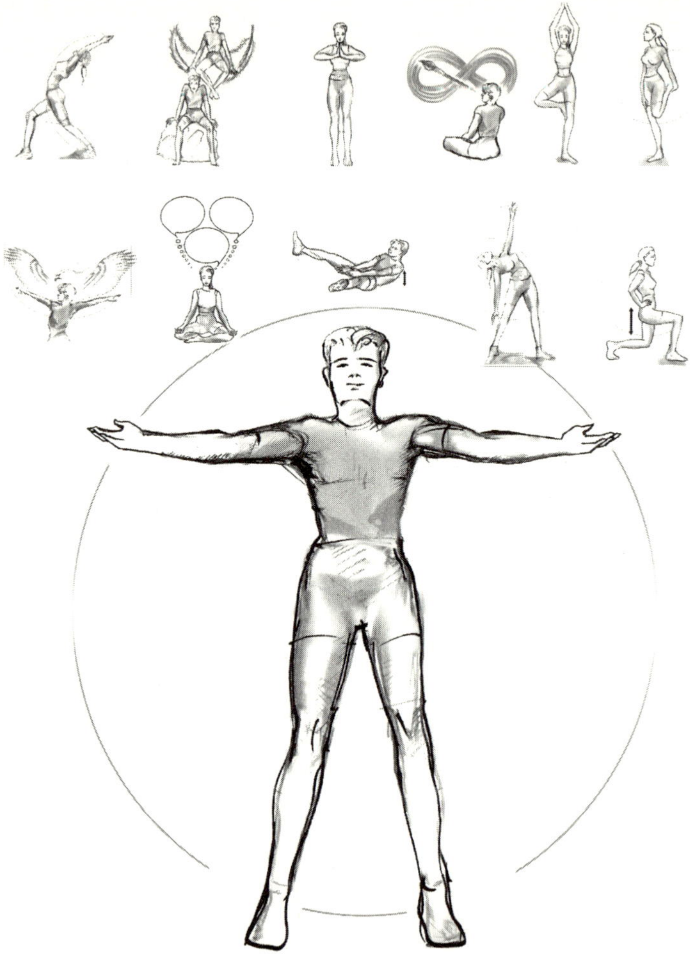

Sammeln Sie Ihre Lieblingsübungen in einem Diamanten, der Sie ständig begleitet

Langsam umschließen Sie die Übungen immer fester. Sie führen Ihre Hände zusammen und drücken sie allmählich an die Brust. Formen Sie nun mit den Händen einen Diamanten, in dem alle Übungen enthalten sind, die Ihnen gut tun.

Dieser Diamant ist immer bei Ihnen. Wann immer Sie eine 90-Sekunden-Pause brauchen, denken Sie an ihn und lassen sich von ihm inspirieren.

Wie könnte Ihr individuelles Wellness-Programm aussehen? Welche Übungskombinationen bieten sich für eine Pause von 90 Sekunden (oder etwas mehr) an?

Ich empfehle Ihnen, mit leichten körperlichen Übungen zu beginnen. Falls Sie nicht gezielt einen bestimmten Bereich entspannen wollen, zum Beispiel den Rücken bei Verkrampfungen, bietet es sich an, vier Übungen auszuwählen, mit denen alle Körperpartien angesprochen werden, vom Nacken bis zu den Fersen. Hierfür eignen sich zum Beispiel:

1. Beckenbalance

Sie sitzen aufrecht auf einem Stuhl ohne Lehne und pendeln sich locker in eine gerade Sitzhaltung zwischen Hohlkreuz und Rundrücken. Dann spannen Sie nacheinander Gesäß- und Bauchmuskeln an und bewegen die Schulterblätter langsam nach hinten und unten. Achten Sie auf einen ruhigen, fließenden Atem.

Mit dieser Einstimmungsübung machen Sie sich beweglich und schärfen Ihre Körperwahrnehmung.

2. An- und Entspannen (Grundspannung im Sitz)

Noch sitzend breiten Sie nun die Arme seitwärts aus, wobei Sie in den Händen jeweils einen Apfel (oder einen anderen

Gegenstand) halten. Spielen Sie ein wenig in dieser Haltung. Zum Beispiel können Sie kleine Kreise vor- und rückwärts beschreiben, die Arme über den Kopf heben und langsam wieder senken; Sie können sie vor dem Körper ausstrecken und »ups and downs« ausführen.

Lassen Sie sich von Ihrer Lust an der Bewegung leiten, und vergessen Sie nicht, die Arme zu lockern, wenn sie Ihnen schwer werden.

3. Standheben
Nun stellen Sie sich hin, legen die Hände auf die Hüften und heben das rechte Bein mit gestrecktem Fuß nach hinten, ohne ins Hohlkreuz zu gehen. Langsam senken Sie das Bein wieder und heben nun das linke.

4. Beinstrecker
Schließlich dehnen Sie noch die Oberschenkelmuskeln, indem Sie im Stehen ein Bein nach hinten winkeln, den Fuß in die Hand nehmen und gegen das Gesäß drücken. Das Standbein ist leicht angewinkelt. Nach fünf Sekunden wechseln Sie.

Nach diesen vier Grundübungen suchen Sie sich intuitiv noch drei bis vier andere Übungen aus, nach denen Ihnen gerade zumute ist.

Ergänzt werden diese Aufbauübungen zur körperlichen Wellness schließlich durch Entspannung und Meditation, etwa die Übung »Schwer wie ein Stein …«, die »Pendelatmung« oder »Das lachende Gehirn«.

Es bleibt Ihnen überlassen, ob Sie ein bestimmtes Programm – allein oder auch mit anderen – im Laufe eines Tages oder sogar einer Woche mehrmals in der gleichen Reihenfolge wiederholen oder ob Ihnen der Sinn nach Abwechslung steht und Sie sich jedes Mal eine neue Kombination ausdenken. Wichtig ist einzig, dass Sie Freude an der 90-Sekunden-Wellness haben, dass Sie sie regelmäßig einlegen und dass Sie dabei völlig abschalten können.

Ich wünsche Ihnen innere Gelassenheit, heiteres Gelingen und einen guten Weg!

Gelassenheit

Der gelassene Mensch ist dem ängstlichen, von Unruhe gejagten immer überlegen. Er gewinnt selbst mit einer Stunde Träumen mehr als der Hastige mit dem Schweiß eines ganzen Tages. Seine naturhafte Sicherheit und ein unbegrenztes Vertrauen lassen ihn gleichsam spielend Hindernisse überwinden, worum andere verzweifelt sich mühen. Er ist wie ein Brunnen, der immer strömt und doch nichts verliert. Eine unsichtbare Quelle nährt ihn. Zu ihm kommen die Dürstenden, und er schenkt aus und bleibt doch immer in lächelndem Genügen.

Verfasser unbekannt

Register der Übungen